L'emploi et la formation
dans un contexte de crise économique

L'emploi et la formation dans un contexte de crise économique : le cas de l'Afrique d'expression française

Jean-Bernard Célestin

Programme mondial de l'emploi

Bureau international du Travail Genève

Première édition 1992

Célestin, J.-B.
L'emploi et la formation dans un contexte de crise économique: le cas de l'Afrique d'expression française
Genève, Bureau international du Travail, 1992
/Politique de l'emploi/, /Politique de formation/, /Récession économique/, /Afrique francophone/. 13.01.3
ISBN 92-2-206528-X

Données de catalogage du BIT

Imprimé en Suisse VAU

Avant-propos

Le lecteur trouvera ici un essai de réflexion sur l'un des problèmes auxquels les pays d'Afrique francophone sont confrontés depuis quelque temps: la désarticulation entre la formation et l'emploi. Cette problématique figure au centre de toute recherche relative à la gestion du marché du travail.

La présente étude se fonde sur les expériences menées dans divers pays africains, quelquefois en coopération avec le BIT, et, en particulier, sur les travaux concernant la planification des ressources humaines et l'information sur le marché de l'emploi financés pour une large part par l'Office danois pour l'aide au développement international (DANIDA) au cours des dernières années.

La problématique de la formation et de l'emploi est posée à un moment où l'Afrique se trouve à la croisée des chemins sur le plan économique et social. Comme dans les autres parties du tiers monde, l'heure est aux mutations économiques dans le sens d'une plus grande rigueur de gestion pour se libérer du fardeau de la dette extérieure. Les conséquences sociales des programmes d'ajustement structurel et des nouvelles politiques de développement sont nombreuses et affectent toutes les couches sociales, notamment les jeunes à la recherche d'un premier emploi. Le problème s'aggrave avec l'arrivée sur le marché du travail d'un nombre de plus en plus élevé de chômeurs diplômés. Les responsables ne peuvent donc s'empêcher de s'interroger à la fois sur la capacité d'absorption de l'économie et sur la fiabilité des systèmes d'éducation et de formation.

De nombreux travaux de recherche ont été consacrés aux relations entre la formation et l'emploi dans les pays africains. Cette étude ne prétend pas faire le tour d'une question aussi complexe: elle a été simplement conçue comme une contribution à cet effort d'investigation et comme un instrument de travail, complétant ainsi la littérature qui existe déjà sur ce thème. Si les idées qu'elle transmet trouvent un écho dans l'esprit de ceux qui ont la charge de la préparation ou de la prise de décisions, alors elle aura atteint son but.

Tous ceux qui ont contribué à la réalisation de ce travail sont priés de trouver ici l'expression de nos vifs remerciements.

Table des matières

Liste des tableaux

Carte

Introduction

En Afrique la gestion des ressources humaines à court, à moyen et à long terme et, corrélativement, les rapports entre la formation et l'emploi ne sont pris en considération que depuis peu. Au lendemain de l'accession à l'indépendance, l'emploi semblait pouvoir être assuré, à terme, par l'industrialisation et le développement agricole. L'adaptation des ressources humaines aux besoins de la production devait résulter d'une extension du système éducatif et, notamment d'une alphabétisation généralisée. L'heure était au rattrapage du retard éducatif de l'Afrique par rapport aux pays industriels développés et non pas aux interrogations sur les relations entre la formation et l'emploi.

C'est au milieu des années soixante-dix que les gouvernements africains, alertés par l'expansion démographique, l'exode rurale et le bilan peu spectaculaire des politiques de développement, ont commencé à s'inquiéter explicitement de la gestion des ressources humaines.

Des positions de principe en matière d'emploi ont été très rapidement prises à l'échelon du continent. En 1979 le Colloque de Monrovia sur les perspectives de développement de l'Afrique à l'horizon 2000 insistait sur l'obligation de tout mettre en œuvre pour réorienter les plans économiques et sociaux nationaux en accordant la priorité à l'emploi et à la satisfaction des besoins essentiels des populations. Les chefs d'Etat et les membres de l'OUA adoptaient en 1980 le plan d'action de Lagos pour lequel «la mobilisation pleine et entière et l'utilisation efficace de la main-d'œuvre (hommes, femmes et jeunes, formés ou non) devraient être des instruments de premier ordre au service du développement et du progrès social». Avec le recul on peut affirmer que ce plan a eu le grand mérite d'ouvrir le débat technique et politique sur la stratégie de développement économique et social de l'Afrique.

Le même souci a été exprimé à l'échelon national: les exemples sont légion d'essais d'intégration des préoccupations de main-d'œuvre dans des plans nationaux de développement. Autrefois, ces plans étaient surtout consacrés à l'examen d'investissements matériels. Les rares documents comportant un volet consacré à l'emploi se contentaient de considérations d'ordre général, soulignant, par exemple, que les effets économiques des investissements devraient se traduire par des créations d'emplois sans qu'aucun objectif précis ne soit fixé, ni aucune mesure incitative envisagée.

Pour illustrer ce changement d'optique, évoquons le cas du Togo dont le quatrième plan (1981-1985) visait la création de nouveaux emplois dans tous les secteurs d'activité. Pensons aussi au Sénégal dont les perspectives d'accroissement du travail productif en milieu rural étaient accompagnées, au cours du sixième plan, d'objectifs précis de réduction du sous-emploi. Rappelons enfin la position d'avant-garde de la Tunisie qui, dans son cinquième plan (1977-1981), faisait de la croissance de l'emploi l'axe central de son développement: style et rythme de croissance économique étaient définis sur la base d'objectifs d'absorption de l'offre additionnelle de main-d'œuvre, et les investissements orientés vers les secteurs productifs les plus aptes à générer des emplois.

Les pays africains ont toujours consacré une part importante (actuellement de l'ordre du tiers) de leurs budgets à l'éducation. Le fait nouveau des dernières années est que, parallèlement à la prise de conscience que le plein emploi n'allait pas de soi, l'efficacité économique et sociale de cet investissement était remise en cause. Des diagnostics du système éducatif, implanté sur le modèle français, sont posés en Afrique francophone: inefficacité interne du système s'exprimant notamment par d'importantes déperditions dans les différents cycles d'enseignement; inefficacité externe résultant des inadaptations entre les sorties de l'appareil éducatif et les besoins de main-d'œuvre qualifiée.

Avec la crise économique, la stagnation du secteur moderne, les programmes d'ajustement structurel et le chômage des diplômés, les doutes sur les mérites du système éducatif se sont renforcés. On insiste de plus en plus sur les méfaits de l'éducation de type classique et sur les avantages des méthodes d'apprentissage et de formation sur le tas, mieux adaptées aux conditions africaines. Ces dernières années ont ainsi été marquées par un foisonnement d'études et d'analyses dans les domaines de la formation et de l'emploi et, corrélativement, en matière de relations entre ces deux variables. La présente étude se propose de prendre en compte cette évolution.

Le lecteur ne trouvera pas ici une analyse exhaustive de la gestion des ressources humaines, de la planification de l'emploi ou de la balance entre l'emploi et la formation; nous tentons simplement de faire le point de l'évolution dans les approches, des problèmes posés, des résultats obtenus et des nouvelles perspectives.

L'étude s'organise en sept chapitres. Les deux premiers chapitres traitent du contexte démographique de l'Afrique francophone et retracent l'évolution de l'emploi et de la formation face aux répercussions de la crise économique à laquelle les pays africains sont confrontés. Le chapitre 3 est consacré aux questions méthodologiques et aux nouvelles orientations de la planification de l'emploi et de la main-d'œuvre. Sur la base des informations contenues dans les trois premiers chapitres, nous nous efforçons d'examiner les principaux traits de la recherche d'une adéquation entre la formation et l'emploi: analyse des contenus des relations à l'échelon sectoriel (chapitre 4), instruments méthodologiques (chapitre 5) et perspectives d'amélioration des méthodes (chapitre 6). Dans le dernier chapitre, nous analysons les problèmes de formation et d'emploi à la lumière de quelques programmes d'insertion professionnelle des jeunes.

1

Questions démographiques

Les problèmes d'emploi et de formation sont, par essence, deux éléments clés de la valorisation des ressources humaines; aussi sont-ils fortement marqués par les données démographiques. L'influence de celles-ci s'exprime dans plusieurs caractéristiques des populations, notamment l'intensité de leur croissance (et la valeur de certains déterminants tels que la fécondité et la mortalité), la structure des âges, la répartition spatiale (y compris la progression de l'urbanisation) et les taux d'activité.

Sur ces différents points, l'Afrique connaît des situations très typées qui rendent plus aigu le besoin d'information et d'analyse en vue d'en dégager les conséquences à moyen et à long terme quant aux emplois à créer (volume, secteurs, localisations) et aux besoins de formation qui s'y rapportent.

Un aperçu succinct des principales données démographiques disponibles (tableau 1) quant au présent et à l'avenir prévisible permettra de cerner les principaux problèmes d'emploi et de formation à prendre en considération dans les politiques et programmes de développement économique et social.

Cette question sera examinée sous un triple aspect: l'évolution de l'ensemble de la population par pays, les phénomènes d'urbanisation et de migration internationale, et les conséquences sur l'emploi.

La croissance de la population et ses déterminants

Une population en expansion rapide

Depuis une quarantaine d'années, la population du continent africain a évolué de manière spectaculaire: 222 millions d'habitants en 1950 et près de 650 millions d'habitants actuellement, soit plus de 12 pour cent de la population mondiale (5,4 milliards d'habitants en 1991). Le continent s'apprête à passer à 900 millions d'habitants d'ici à la fin du siècle.

Cette croissance, particulièrement forte à compter de 1965 (3 pour cent annuellement environ), laisse présumer un doublement de la population en moins de 25 ans. Ce phénomène est sans équivalent dans le monde à l'heure actuelle, la plupart des autres régions développées ou en développement ayant connu depuis une quinzaine d'années un ralentissement sensible de leur croissance démographique.

D'aucuns estiment que cette dynamique démographique permet à l'Afrique de rattraper un retard lentement accumulé et constitue un atout dans la perspective d'une

Tableau 1. Données démographiques par pays

	Volume de la population (millions)	Taux accroissement de la population 1985-95 (en %)	Densité de la population	% de la population urbaine	Taux accroissement de la population urbaine	Taux accroissement de la population rurale	Taux brut de mortalité (p. 1.000)	Taux brut de mortalité infantile (p. 1.000)	Taux de fertilité	Taux brut de natalité (p. 1.000)	% de la population âgée de 0-14 ans	Taux d'activité des hommes	Taux d'activité des femmes	% de la main-d'œuvre féminine dans l'agriculture 1985	% de la main-d'œuvre féminine dans l'agriculture 1995	Volume de la population âgée de 15 ans en 1990 (milliers)
Monde		1,6		41,0			9,9	71,0	3,3	26,0	33,9	56,4	32,89			
Algérie	21,7	3,2	9	43,0	3,7	...	9,1	74	6,1	41,1	45,6	40,7	4,0	3,0	...	560
Maroc	21,9	2,3	48	44,0	4,2	...	9,5	82	4,3	32,5	40,9	48,9	12,0	16,4	...	567
Tunisie	7,1	2,3	43	56,0	3,7	...	9,0	74	...	32,0	39,2	48,1	15,5	24,9	...	167
Burundi	4,7	2,9	196	8,2	11,0	2,9	17,4	114	6,3	45,7	44,0	56,5	50,4	51,3	50,1	107
Madagascar	10,0	2,9	20	21,8	5,9	2,1	15,2	59	6,1	44,1	44,0	54,2	36,1	47,0	45,1	232
Rwanda	6,1	3,4	273	6,2	7,9	3,1	17,2	116	...	52,0	48,5	52,5	48,3	51,6	50,2	152
Cameroun	9,9	2,8	24	42,4	6,1	0,2	14,5	94	5,8	42,5	42,0	53,4	27,4	39,6	40,5	226
République centrafricaine	2,6	2,5	5	42,4	4,4	0,9	20,1	134	...	43,0	41,4	54,5	45,3	45,9	44,7	57
Congo	1,7	2,8	6	39,5	4,2	1,8	17,2	73	6,0	44,4	44,3	50,2	31,7	54,5	53,4	41
Gabon	1,2	2	5	41,0	4,3	0,3	17,2	105	...	40,0	35,3	56,4	34,0	38,4	36,4	22
Tchad	5,0	2,5	4	27,0	6,9	0,6	19,9	132	5,9	44,2	43,0	56,9	15,3	23,4	24,1	113
Zaïre	29,9	3,1	15	36,6	4,7	2,1	14,5	100	...	45,0	46,3	50,2	28,1	50,0	51,2	724

Tableau 1 *(suite et fin)*

	Volume de la population (millions)	Taux accroissement de la population 1985-95 (en %)	Densité de la population	% de la population urbaine	Taux accroissement de la population urbaine	Taux accroissement de la population rurale	Taux brut de mortalité (p. 1.000)	Taux brut de mortalité infantile (p. 1.000)	Taux de fertilité	Taux brut de natalité (p. 1.000)	% de la population âgée de 0-14 ans	Taux d'activité des hommes	Taux d'activité des femmes	% de la main-d'œuvre féminine dans l'agriculture		Volume de la population âgée de 15 ans en 1990 (milliers)
														1985	1995	
Bénin	4,1	3,2	42	35,2	6,9	0,9	19,4	110	7,0	50,5	46,1	51,1	45,0	51,5	50,3	96
Burkina Faso	6,9	2,7	29	7,9	5,5	2,4	18,6	140	...	47,0	43,0	58,0	50,5	46,9	45,2	165
Côte d'Ivoire	9,8	3,5	36	42,0	5,7	1,8	15,6	100	6,6	45,2	44,6	52,8	29,3	41,4	44,8	234
Guinée	6,1	2,5	28	22,0	5,5	1,6	21,9	147	6,2	46,6	43,3	56,1	37,8	44,7	42,3	137
Mali	8,1	3,0	8	48,0	4,3	2,7	20,8	169	6,7	50,1	48,7	55,3	10,5	15,5	14,7	194
Mauritanie	1,9	3,1	2	34,5	7,2	0,7	19,2	127	...	47,0	47,0	50,0	13,0	26,8	30,8	45
Niger	6,1	3,1	8	35,8	6,2	...	20,9	135	...	51,0	47,6	55,6	49,2	49,3	49,8	146
Sénégal	6,4	2,7	38	36,4	3,9	2,1	19,4	130	...	46,0	44,8	54,2	35,9	45,0	42,7	152
Togo	3,0	3,1	62	22,1	6,3	2,1	14,4	96	...	49,0	45,2	53,0	31,0	34,6	32,8	72

Source: Nations Unies: *Annuaire démographique* (New York), diverses livraisons.

mobilisation de la population autour des grands objectifs de développement. Déjà en 1972, l'économiste Samir Amin dénonçait le sous-peuplement de l'Afrique. Il semble qu'à l'heure actuelle, privilégier cette approche, c'est contraindre les gouvernements à consentir des coûts sociaux élevés (santé, éducation, logement, etc.), c'est tenir le pari que la capacité de production des économies s'accroîtra au même rythme que celle de la population et que l'autosuffisance alimentaire sera atteinte. Or il faut admettre avec la FAO que «c'est en Afrique que la possibilité de nourrir la population future semble la moins assurée», d'autant que la poussée démographique touche des pays qui ont déjà de sérieuses difficultés économiques et commerciales et dont certains connaissent même régulièrement des catastrophes telles que les famines et les sécheresses.

Aussi l'accroissement annuel de la population mondiale s'explique-t-il à près de 20 pour cent par la dynamique de la population africaine. Selon les projections effectuées par les Nations Unies, cette part devrait atteindre plus de 40 pour cent en 2025.

L'expansion démographique ne marque pas uniformément les pays africains. Trois sous-régions, l'Afrique occidentale, l'Afrique orientale et, dans une moindre mesure, l'Afrique du Nord, jouent un rôle moteur (taux de croissance compris entre 2,9 pour cent et 3,3 pour cent alors que l'Afrique centrale et l'Afrique australe sont un peu en retrait (2,6 pour cent d'augmentation annuelle environ).

Le tableau 1 présente des statistiques détaillées concernant la population des pays de l'Afrique francophone. Les informations relatives au monde (première ligne du tableau) constituent une référence utile. Certains chiffres sont des projections établies par les services des Nations Unies. Le tableau distingue successivement les pays d'Afrique du Nord (Algérie, Maroc, Tunisie), les pays d'Afrique orientale (Burundi, Madagascar, Rwanda), les pays d'Afrique centrale (Cameroun, République centrafricaine, Congo, Gabon, Tchad, Zaïre), les pays d'Afrique occidentale enfin (Bénin, Burkina Faso, Côte d'Ivoire, Guinée, Mali, Mauritanie, Niger, Sénégal, Togo).

Ces données détaillées confirment les observations faites à l'échelon des sous-régions: les taux d'accroissement de la population projetés sur la période 1985-1990 sont particulièrement élevés en Afrique occidentale (Burkina Faso, Guinée et Sénégal exceptés) et atteignent un sommet (3,4 pour cent) au Rwanda. En revanche les taux d'accroissement prévisibles en Afrique centrale sont, dans l'ensemble, plus modestes que dans les autres pays francophones.

Analyse des variables et des politiques

La croissance démographique exceptionnelle de l'Afrique et, corrélativement, de l'Afrique francophone résulte de l'effet conjugué d'une natalité élevée et quasi constante et d'une mortalité en baisse sensible depuis trois décennies grâce au progrès de la science et de la technique. A l'échelon du continent, le taux de natalité s'établit à environ 48 pour mille depuis 1950 alors que le taux de mortalité a décru de 27 pour mille en 1950 à 16,5 pour mille en 1985. L'Afrique se trouve ainsi à une étape intermédiaire dans le modèle de transition vers la démographie des pays développés où l'on enregistre une faible mortalité et une faible natalité.

Le tableau 1 confirme cette interprétation pour ce qui concerne les pays d'Afrique francophone qui disposent de données récentes. Notons la situation particulière des pays d'Afrique du Nord dont le taux de mortalité est comparabale à celui de l'ensemble des pays du monde (environ 10 pour mille) et dont le taux de natalité est nettement moindre que ceux des pays de l'Afrique subsaharienne.

Au total, bien que le taux moyen de mortalité dans les pays africains reste, malgré sa forte décroissance, nettement supérieur à celui de l'ensemble mondial, le maintien à un niveau très élevé du taux de natalité explique aisément l'expansion démographique exceptionnelle de l'Afrique.

Dans ces conditions, les projections établies par les Nations Unies font certes l'hypothèse d'une régression continue de la mortalité générale et de la mortalité infantile, mais sont obligées de conserver des hypothèses de taux de natalité relativement élevés, en régression lente. La conséquence est qu'on s'attend plutôt à une accélération de la croissance démographique, ou tout au moins le maintien des taux actuels dans la plupart des pays d'ici quinze à vingt ans.

Il reste à déceler les ressorts profonds de cette expansion démographique par l'analyse des caractéristiques de la fertilité et de la nuptialité.

Sans prétendre avancer bien loin dans le domaine spécialisé des analyses démographiques, nous observons le niveau très élevé de fécondité des femmes africaines: de 6 à 7 enfants en moyenne, soit deux fois plus que la descendance moyenne des femmes de l'ensemble du monde.

Il faut adopter une approche sociologique et qualitative pour expliquer les facteurs qui influent sur la fécondité[1]. Ceux-ci comprennent:

a) *l'âge du mariage:* moins celui-ci est élevé, plus la fécondité est forte. La jeunesse de l'épousée et la valorisation de la procréation restent des éléments déterminants du taux élevé de fécondité en Afrique, malgré l'évolution perceptible des traditions, au moins en milieu urbain. Dans l'ensemble, les taux de fécondité des jeunes Africaines sont parmi les plus élevés du monde. Ils atteignent 200 naissances pour 1.000 femmes âgées de 15 à 19 ans. Cette fécondité précoce des jeunes représente souvent plus de 15 pour cent de la fécondité totale. Dans beaucoup de pays africains, plus de 30 pour cent des jeunes filles de ce groupe d'âge sont déjà mariées;

b) *la mortalité infantile:* les conséquences d'une fécondité exceptionnelle sont généralement atténuées par une mortalité infantile très élevée (169 pour mille au Mali, la proportion étant de 71 pour mille dans le monde); mais paradoxalement, dans le même temps, plus cette mortalité est grande, plus les parents désirent le plus grand nombre possible d'enfants pour pouvoir en garder un minimum;

c) *l'économie domestique:* la recherche d'une descendance nombreuse est conditionnée par le besoin d'une main-d'œuvre plus abondante. Dans nombre de pays, le travail des enfants n'est pas interdit et il constitue dans certains milieux sociaux une source de revenu et une aide importante tant à la maison qu'aux champs et au marché. Sur ce point, il convient de souligner que l'Afrique n'a pas encore connu les changements structurels qui, ailleurs, ont conduit à un déclin de la fécondité. Peu de femmes occupent des emplois stables, de haut niveau et bien rémunérés dans le secteur structuré. La grande famille garde encore beaucoup de ses avantages, le travail des enfants n'a pas diminué et la réforme agraire n'a pas apporté la sécurité de la propriété privée. En attendant que ces changements s'opèrent, les femmes continuent de compter sur l'aide et le soutien de leurs enfants[2].

d) *le statut socio-économique de la femme:* plus la femme participe aux activités de production, plus le taux de fécondité tend à diminuer. Corrélativement, la promotion des chances d'éducation, de formation et d'emploi est un élément important dans les stratégies qui visent à réduire la fécondité. En Afrique, le très bas niveau d'instruction des jeunes filles, notamment dans l'enseignement secondaire et supérieur, est à la fois une cause et une conséquence de l'inégalité de leur statut socio-économique, de leur mariage et de leurs maternités précoces, et de leur forte fécondité;

e) *la conjoncture économique:* celle-ci semble dicter des attitudes envers la fécondité qui tiennent compte des contraintes économiques et sociales (entretien, santé et éducation des enfants), mais essentiellement dans les familles à moyen et à haut revenu.

La forte fécondité engendre une augmentation de la force de travail qui conduit à une pression croissante des chercheurs d'emploi provenant du milieu rural sur les marchés urbains du travail. Comme les possibilités d'emploi diminuent (voir chapitre 2), il en résulte une aggravation du chômage et du sous-emploi ainsi que de la pauvreté tant en ville qu'à la campagne. Des travaux récents estiment la proportion de la population pauvre entre 50 et 70 pour cent; dans certains milieux ruraux, elle atteint 90 pour cent.

Qu'en est-il des politiques en la matière? La classification présentée ci-après, lorsque nous évoquerons les perceptions des pays quant aux rythmes de l'évolution démographique, était pratiquement la même en ce qui concerne la fécondité. Ce sont les mêmes groupes de pays (à quelques exceptions près) qui, jusqu'en 1973, étaient satisfaits de la situation ou qui ne l'étaient pas parce que ce niveau était soit trop élevé, soit trop bas, ou qui alors n'avaient pas de positions claires. Toutefois, il est encourageant de noter que de nombreux pays disposent actuellement de programmes et de structures ayant un impact sur la fécondité, notamment les programmes de planification familiale, ou ont pris des mesures en vue d'améliorer le statut de la femme. Si, pour certains, les objectifs visés sont essentiellement l'amélioration de la santé maternelle et infantile et le bien-être familial, pour d'autres il s'agit, en plus, d'exercer une action sur le niveau de la fécondité et sur le taux d'accroissement de la population, ou de s'engager sur la voie d'une véritable politique démographique. En 1990, sur les 45 pays de l'Afrique subsaharienne, sept dont le Botswana et le Zimbabwe avaient adopté une telle politique et vingt autres s'apprêtaient à le faire. Il peut être utile de rappeler ici l'exemple du Zimbabwe et du Botswana qui jouent un rôle pilote en matière de planification familiale en Afrique. Les programmes poursuivis et les méthodes modernes de contraception sont largement répandus dans la population et couronnés de succès.

Les niveaux d'utilisation des contraceptifs modernes dans ces deux pays – soit, en 1988, 36 pour cent au Zimbabwe et 32 pour cent au Botswana – sont les plus élevés d'Afrique et les taux de fécondité semblent enregistrer une baisse notable. Ces deux pays ont cependant suivi des

approches différentes, confirmant ainsi que la réussite dans ce domaine ne correspond pas à un modèle unique et que toutes les stratégies adoptées doivent impérativement être conçues à partir du contexte spécifique à chaque pays. Toutefois, les deux pays... ont en commun un ensemble favorable de caractéristiques générales, notamment une croissance économique et des revenus par habitant d'un niveau «bon à excellent», une infrastructure et une administration de très bonne qualité, de hauts niveaux d'éducation et une large diffusion des idées et des techniques modernes, les plus faibles taux de mortalité de toute l'Afrique subsaharienne...[3].

Le Zimbabwe dispose d'une équipe de plus de 600 éducateurs et d'un réseau d'information qui forme l'épine dorsale du programme, notamment dans les zones rurales.

Au Botswana, il existe également un réseau d'information... constitué de personnes choisies par la communauté, qui sont censées se charger dans leurs villages respectifs des activités sanitaires préventives et assurer certaines tâches de sensibilisation et de consultation ainsi que certaines prestations en matière de planning familial[3].

Pour tous ces éléments (évolution de la population totale, taux de mortalité et de natalité, âge moyen des mariages), la réalisation régulière de recensements généraux de la population et d'enquêtes sur les politiques de population entrepris à partir de 1973 avec l'aide du Fonds des Nations Unies pour les activites en matière de population (FNUAP) dans une grande majorité des pays du continent, devrait permettre d'accumuler des informations fiables et comparables dans le temps et dans l'espace. De telles enquêtes, effectuées dans un certain nombre de pays au cours des années quatre-vingt, ont montré un changement de comportement des gouvernements qui prônaient plutôt des politiques pronatalistes dans la décennie soixante-dix. Actuellement plusieurs pays ont déjà réalisé leur deuxième recensement de population (par exemple le Burkina Faso, le Cameroun, le Congo, la Côte d'Ivoire, le Togo); la détermination des différents taux et la mesure de leur évolution devraient s'en trouver notablement précisées. En effet, jusqu'à maintenant, on a toujours dû mesurer l'évolution en rapprochant des données dont les conditions d'obtention présentaient des différences sensibles; les mesures faites à partir de tels rapprochements ont ainsi nécessité des hypothèses et des recoupements qui laissent, quel qu'ait été le soin apporté, des marges d'incertitude appréciables.

Les phénomènes d'urbanisation et de migration

Un trait marquant de la situation démographique de l'Afrique est l'importance des phénomènes d'urbanisation et de migration.

Ce sont là des phénomènes complexes relevant pour les mesurer, les comprendre et les expliquer, de la sociologie, de l'histoire, de l'économie et de la géopolitique. En présenter une synthèse pour une région aussi grande et diversifée que l'Afrique est presque une gageure[4]. C'est pourtant ce que nous allons essayer de faire ici.

Dans l'ensemble, l'Afrique est l'une des régions du monde les moins urbanisées. Néanmoins, le degré d'urbanisation varie sensiblement à l'intérieur du continent et même des sous-régions. En 1985 la population considérée comme urbaine représentait 28 pour cent de la population totale en Afrique de l'Ouest, 18 pour cent en Afrique de l'Est et 38,6 pour cent en Afrique centrale. Au niveau national, la proportion cela allait de 6 à 8 pour cent au Burkina Faso, au Burundi et au Rwanda, à 17 pour cent au Mali et à plus de 40 pour cent dans d'autres pays (tableau 1). Ces différences importantes ne doivent pas être considérées comme des cas exceptionnels ou des accidents statistiques. Elles reflètent des situations réellement diversifiées en matière d'urbanisation.

Si l'urbanisation est moins importante que dans d'autres régions, en revanche le taux de croissance urbaine est désormais relativemment élevé. De plus, il est en progression constante et rapide. La population urbaine a plus que doublé à l'échelon du continent en trente-cinq ans, passant de 15 pour cent en 1950 à 32 pour cent en 1985. Si l'exode rural se poursuivait avec le dynamisme actuel, les citadins représenteraient 42 pour cent de la population africaine en l'an 2000, soit un taux proche de celui qui a été observé dans les pays industriels dans les années quarante.

L'Afrique francophone est particulièrement concernée dans ses parties occidentale et orientale par l'urbanisation comme le souligne le tableau 1 où l'on peut relever des décalages appréciables entre le taux d'accroissement de la population des villes et celui de la population des campagnes (cas du Burundi en particulier). Cette situation est préoccupante. En effet, les systèmes urbains actuels sont tout à fait incapables de répondre de manière satisfaisante aux besoins de services socio-économiques (hygiène, eau potable, énergie électrique, logements, établissements scolaires) induits par ce transfert de population.

Sous réserve de la fiabilité des statistiques portant sur un phénomène largement souterrain, les migrations interafricaines semblent particulièrement importantes entre certains pays d'une même sous-région. En Afrique de l'Ouest, la Côte d'Ivoire se détache comme un grand pays d'accueil et le Burkina Faso comme un grand pays d'émigration. Ces migrations ont traditionnellement une mission de rééquilibrage de quelques métiers très spécialisés. La croissance spectaculaire de certaines économies a déterminé des flux migratoires massifs de pays à pays. Ce phénomène a été particulièrement marquant en Côte d'Ivoire où une enquête effectuée au milieu des années quatre-vingt révélait que 75 pour cent des expatriés provenaient de pays proches, moins favorisés économiquement, comme le Burkina Faso et le Mali. Ces courants migratoires connaissent, on le sait, d'importantes restrictions dans le contexte actuel de crise économique, d'ajustement structurel et de réduction des emplois. Compte tenu de l'importance de ces mouvements de population, tant au plan économique que social, nous nous arrêterons un instant sur leurs causes, leur évolution et leurs conséquences.

Certains travaux des années soixante-dix ont apporté quelques éléments précieux d'analyse des migrations sur le continent africain: par exemple les travaux de Condé et Zachariah[5] sur l'Afrique de l'Ouest, ceux de l'Office de recherche scientifique et technique d'outre mer (ORSTOM) sur les migrations des Mossis, des Camerounais et Togolais, ainsi que des enquêtes spécifiques sur tel ou tel aspect menées par diverses institutions au Burundi et au Sénégal. Entrent dans la même catégorie les travaux concernant les mouvements intercontinentaux vers l'Europe (Maliens, Mauritaniens et Sénégalais) ou les Etats-Unis d'Amérique (Cap-Verdiens).

Pendant les années quatre-vingt, des enquêtes spécifiques sur les migrations internes ont été réalisées par le Comité inter-Etats de lutte contre la sécheresse au Sahel (CILSS) et l'Institut du Sahel dans un certain nombre de pays, mais les résultats ne sont pas encore connus. Cependant, certaines études générales récentes ont été effectuées, portant surtout sur les facteurs déterminants des mouvements migratoires. Une étude conduite au Mali[6] révèle que les causes de caractère structurel recueillent 90 pour cent des réponses des individus concernés. La recherche d'un travail rémunéré ou mieux rémunéré est la cause structurelle la plus importante (70 pour cent); ensuite vient l'insuffisance du revenu (17 pour cent). Les raisons conjoncturelles sont faiblement évoquées: paiement de la dot (5 pour cent), impôt (3 pour cent) et achat de bétail (1 pour cent). L'analyse des données d'une enquête effectuée dans quatre villes sur le secteur non structuré au Burundi[7] montre que, pour 75,8 pour cent des chefs des micro-entreprises, les déterminants de la migration sont liés aux problèmes rencontrés dans la production agricole. Parmi ces déterminants les plus nombreux concernent l'insuffisance du revenu agricole (41,8 pour cent), la faiblesse des revenus dans l'artisanat et le commerce (24 pour cent) et la pression démographique sur les terres arables disponibles (18 pour cent).

Citons également une étude de la Banque mondiale sur les performances du marché de l'emploi et la migration en Côte d'Ivoire[8]. Fondée sur une enquête sur le niveau de vie en 1985-86, cette étude indique que les différences de salaires et les possibilités d'emploi dans des entreprises bien établies sont les facteurs décisifs dans le choix de l'émigration. Autre constatation, ce sont les travailleurs les plus productifs qui émigrent le plus. Ainsi les zones rurales se vident de leur main-d'œuvre la plus rentable au profit des villes.

Ces exemples nous amènent à observer que les incitations économiques constituent les principaux déterminants des flux migratoires. Les populations choisissent d'émigrer dans la mesure où la corrélation entre les facteurs du lieu d'origine et ceux du lieu de destination est fortement positive. La main-d'œuvre migrante s'insère particulièrement dans le secteur urbain non structuré pour tenter d'y exercer des activités plus rémunératrices. Selon des études récentes menées dans quelques pays (Cameroun, Guinée, Kenya, Madagascar, Somalie, Tanzanie, Zaïre), les revenus tirés de l'emploi dans ce secteur sont au moins égaux et parfois supérieurs à ceux qu'offre le secteur salarié moderne.

Pour être complet, il faut remarquer que la décision d'émigrer a aussi des causes psychosociales. Celles-ci sont liées au décalage entre le monde rural traditionnel et les formes contemporaines de la vie urbaine. «La migration vers la ville est vécue comme une marche vers la liberté, car elle permet de briser les chaînes des sociétés rurales d'origine avec leurs oppressantes organisations tribales[9].»

L'analyse du phénomène par sexe fournit des indications précieuses. Le tableau 2 montre que, dans 11 pays sur 18, il y a dans les villes plus d'hommes que de femmes[10]. Dans certains pays comme le Burundi, le Cameroun, la Côte d'Ivoire, la Mauritanie et le Rwanda, le déséquilibre entre les sexes est important. Seuls le Bénin et la République centrafricaine ont dans le milieu urbain nettement plus de femmes que d'hommes. Cette suprématie masculine est due pour une bonne part aux migrations.

Tableau 2. Taux de féminité des populations urbaines

Pays	Année	Nombre de femmes pour 100 hommes
Afrique de l'ouest		
Bénin	1979	108
Burkina Faso	1975	96
Côte d'Ivoire	1975	89
Gambie	1973	94
Mali	1976	103
Mauritanie	1975	87
Niger	1977	98
Sénégal	1976	103
Togo	1970	99
Afrique centrale		
Cameroun	1976	89
République centrafricaine	1975	109
Tchad	1978	94
Zaïre	1980	95
Afrique de l'est		
Burundi	1983	82
Comores	1980	101
Madagascar	1975	101
Maurice	1983	108
Rwanda	1978	82

Sources: Newman, J.S.: *Women of the world: Sub-Saharan Africa* (Washington, USAID, Office of Women in Development, 1984); Nations-Unies: *Annuaire démographique 1984* (New York).

Elle n'est pas un phénomène universel. On trouve l'inverse en Amérique latine. La carte ci-contre illustre la situation dans un pays donné, en l'occurrence la Guinée. On constate qu'une région entière ou presque affiche des taux de masculinité inférieurs à 85 pour 100 femmes, très loin du point normal qui se situe autour de 98. D'autres régions présentent des taux supérieurs à 100, ce qui indique sûrement des flux d'immigration de jeunes hommes célibataires. Les cartes pour des unités territoriales assez restreintes fournissent les premiers indicateurs en vue de recherches plus poussées d'informations.

Il est possible d'obtenir des indicateurs plus fins en précisant le calcul et la cartographie des taux pour certains groupes d'âge connus comme étant les plus concernés par l'exode rural et les migrations internationales. Les tranches d'âge de 15 à 35 ans sont particulièrement intéressantes.

Que peut-on dire de l'évolution des migrations? Certains ont annoncé une réduction de l'ampleur du phénomène, mais cela n'est confirmé par aucune enquête récente et fiable. Selon le Programme des emplois et des compétences techniques pour l'Afrique (PECTA), ce sont

> les recensements de la population qui fournissent un bilan complet des migrations, de sorte qu'il est encore trop tôt pour disposer d'informations chiffrées solides susceptibles d'étayer les

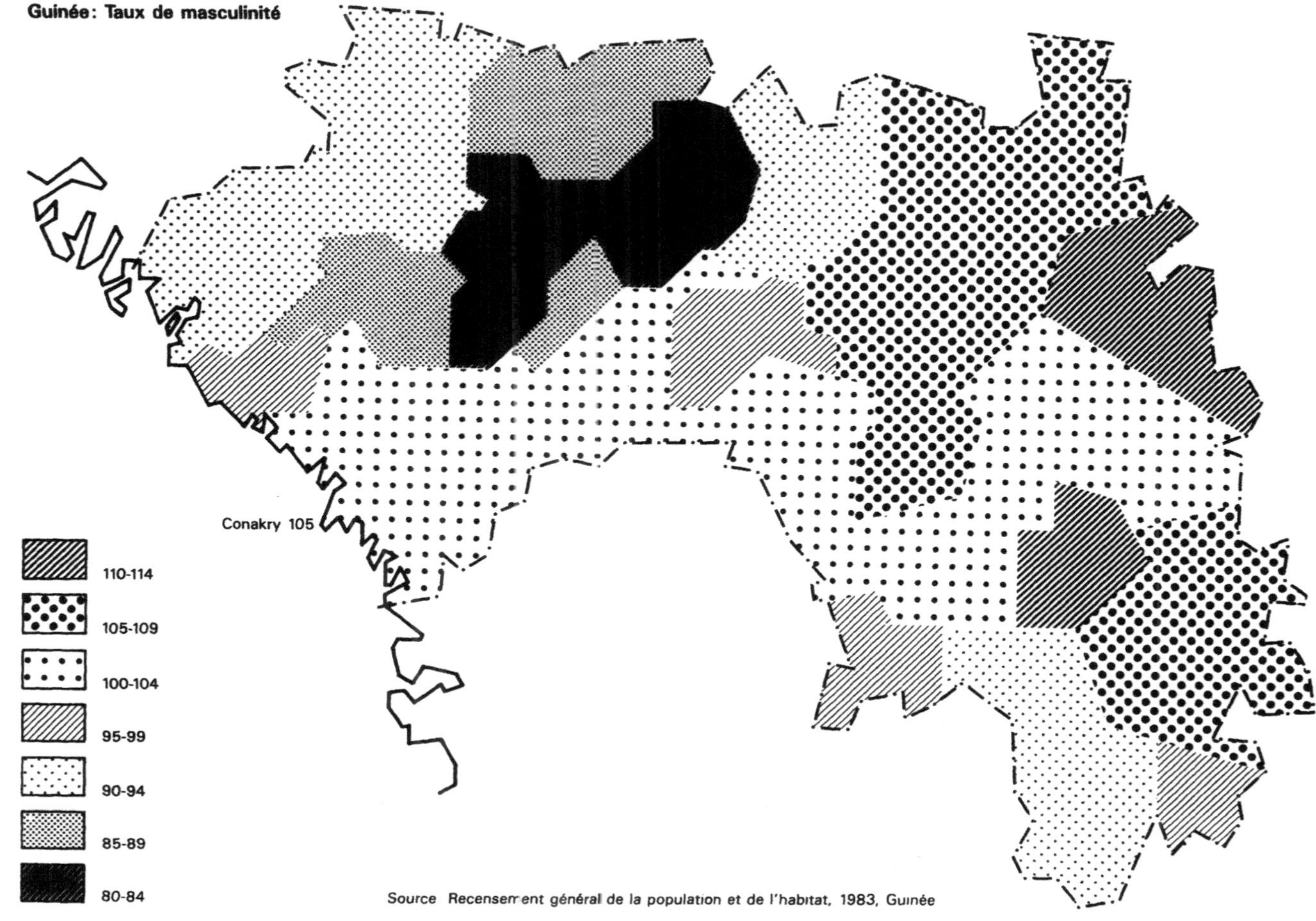

Guinée : Taux de masculinité
Conakry 105
110-114
105-109
100-104
95-99
90-94
85-89
80-84
Source Recensement général de la population et de l'habitat, 1983, Guinée

allégations concernant une modification récente de l'ampleur des migrations à l'intérieur de certains pays. En l'absence de telles informations, l'ONU se contente de signaler que la croissance de la population urbaine a été plus forte en Afrique que partout ailleurs dans le monde et ne cesse de s'accélérer. La prétendue décélération des migrations des campagnes vers les villes semble, en fait, découler de l'application du principe de Harris et Todaro qui explique l'ampleur des migrations internes en termes de chômage urbain et de différences de revenus entre les villes et les zones rurales. Toutefois la majorité s'accorde désormais pour penser que ce modèle simpliste ne saurait saisir tous les aspects du phénomène complexe des migrations des campagnes vers les villes enregistrées en Afrique subsaharienne[11].

Les indicateurs susmentionnés devraient permettre d'identifier les zones problématiques, celles où le phénomène est suffisamment net pour entraîner diverses conséquences économiques et sociales spécifiques, par exemple:

- des modifications dans les disponibilités quantitatives et qualitatives de la main-d'œuvre, ressenties directement dans les zones de départ rurales pour la plupart, mais aussi dans les zones d'arrivée lorsque l'offre d'emplois nouveaux est insuffisante. Cela a une incidence sur les systèmes de production. L'analyse des migrations par âge au Burkina Faso en 1985 a montré que ce sont les jeunes et surtout les jeunes hommes qui fournissaient le plus fort contingent de migrants. Leur absence pour les durs travaux des champs comme le sarclage entraîne la disparition des groupes d'entraide, la diminution des superficies cultivées et la quasi-disparition des réserves vivrières dans les greniers pour faire face aux aléas climatiques. Certes, les envois d'argent sont utilisés en partie à l'achat de produits vivriers nécessaires à la survie du groupe familial resté au village. Cela toutefois ne peut combler le manque à produire causé par les longues absences du migrant; comme l'écrit justement S. Kradolfer

  > un des effets essentiels de la migration est de vider le secteur rural des ressources humaines les plus dynamiques, les plus compétentes et les plus novatrices, avec les conséquences que cela comporte pour le développement rural, le progrès et la production agricole. L'agriculture de subsistance repose principalement sur la force physique, donc, l'exode des hommes les plus robustes hors des régions rurales et le vieillissement considérable de la population paysanne restée sur place posent de sérieux problèmes pour le renouvellement de la génération d'agriculteurs[12];

- la création de flux monétaires entre zones d'arrivée et de départ. Au Burkina Faso les revenus des migrants, qui représentaient 45 milliards de francs CFA en 1982[13] permettaient de combler les deux tiers du déficit commercial du pays. Ils fournissaient entre 25 et 35 pour cent des revenus monétaires du monde rural et avaient par conséquent un impact dans les villages;

- l'augmentation rapide et la transformation des besoins en logement, en services sociaux ou économiques – restauration, blanchissage, etc. – liés à la présence accrue d'hommes seuls vivant loin de leur famille ou liés à l'accroissement sensible de la taille des ménages qui accueillent des migrants en quête de logement tout au moins avant leur insertion durable dans la ville;

- l'âge et le degré de féminisation des populations rurales. Comme on l'a vu, ce sont surtout les jeunes et prioritairement les hommes qui émigrent, ce qui entraîne le vieillissement et la féminisation des campagnes. A l'inverse, on peut en déduire le rajeunissement et la masculinisation des villes. Une étude de 1987 sur le sud du Cameroun a montré que 71,5 pour cent des absents du village avaient moins de 40 ans.

Le BIT poursuit depuis de nombreuses années des recherches sur les migrations, qu'il s'agisse de leurs causes ou des modalités de leur observation[14]. Les études concernant le développement du secteur non structuré contribuent également à faire mieux saisir certains des processus d'intégration dans le milieu urbain.

Différents programmes inter-Etats lancés sur le continent africain à partir d'enquêtes auprès des ménages comprennent un volet sur les migrations qui pourrait, s'il était effectivement réalisé, faire progresser la connaissance et le suivi du phénomène. Il est même parfois question de mettre sur pied, en relation avec les informateurs clés, des indicateurs pour suivre les accélérations ou les décélérations de ces mouvements comme les inflexions dans les destinations.

Néanmoins, tous ces travaux souffrent actuellement de retards dûs aux difficultés de financement dans le contexte de crise internationale et de rigueur budgétaire. Il est ainsi à craindre que les méthodes indirectes doivent encore servir longtemps.

Les conséquences de l'expansion démographique et des phénomènes migratoires sur l'emploi

La jeunesse est la caractéristique majeure de la population africaine. On estime que 46 pour cent de la population du continent a moins de 15 ans; en proportion, les jeunes sont deux fois plus nombreux en Afrique que dans les pays développés. Ce trait démographique est naturellement induit par la nouveauté de l'expansion démographique sur le continent africain. La conséquence la plus immédiate de cet état de choses est l'importance de la charge qui pèse, au moins théoriquement, sur les personnes en âge de travailler.

La croissance soutenue des naissances devrait maintenir un rythme élevé d'entrées dans la vie active. On ne peut pas envisager, en effet, que la prolongation de la période de formation ait un effet sensible à la baisse sur le taux d'activité des enfants de 10 à 14 ans et à fortiori des jeunes de 15 à 19 ans.

Nous pouvons dès lors considérer que la progression de la population active, occupée ou recherchant un emploi demeurera très élevée et que, compte tenu des phénomènes de migration, la demande d'emploi s'exprimera particulièrement en milieu urbain. Certes, les informations actuelles sont sujettes à caution pour des raisons méthodologiques qu'il nous semble utile de souligner.

En effet, l'évolution de la population active est fonction de certains déterminants dont les principaux sont les répartitions des populations par èage, mais aussi les taux d'activité observés au sein de la population d'âge actif. Ce dernier aspect met en jeu des réalités objectives et mesurables comme l'importance de la scolarisation au-delà de l'âge de 15 ans, mais aussi des définitions qui peuvent donner lieu à des contestations importantes. C'est en particulier le cas pour la prise en compte des activités féminines; non seulement les activités ménagères sont, selon l'usage statistique, considérées comme se situant en dehors du champ de l'activité (économique) mais les modalités de rassemblement des informations conduisent souvent à négliger les activités économiques des femmes dans la mesure où elles sont déclarées comme étant exercées à titre secondaire. Selon la manière dont les questions ont été posées ou comprises, on constate ainsi des différences considérables dans les taux d'activité féminine d'un pays à l'autre (même économiquement et sociologiquement proches) voire d'une région à l'autre dans le même pays (cas du Mali, par exemple). On obtient ainsi, dans les recensements, des taux d'activité féminine se situant entre 10 et 15 pour cent seulement dans des pays comme ceux d'Afrique du Nord, le Mali, la Mauritanie ou le Tchad et des taux encore inférieurs à 30 pour cent au Cameroun, en Côte d'Ivoire ou au Zaïre. Par contre, des pays aussi différents que le Burkina Faso, le Burundi ou le Niger publient des taux proches de 50 pour cent, ce qui correspond sans aucun doute plus à la réalité des. Les difficultés nées des options prises en matière de définition s'aggravent avec l'urbanisation dans la mesure où les activités économiques de nombreuses femmes sont plus parcellisées et encore moins saisies statistiquement.

Les données sur la population active actuellement disponibles présentent une autre difficulté grave d'utilisation pour ceux qui s'intéressent à l'emploi et à la main-d'œuvre; il s'agit de la fixation de l'âge à partir duquel l'activité est mesurée. En effet, si certains pays ont adopté, pour l'âge actif, la tranche de 15 à 64 ans couramment utilisée dans le monde, d'autres ont opté pour la tranche de 15 à 59 ans; toutefois, sur ce point, les conséquences sont faibles. En revanche, plusieurs pays ont considéré et continuent de considérer dans la population active des jeunes de 10 à 14 ans, voire parfois les enfants de 8 ans. Cela entraîne des conséquences très sensibles sur certaines mesures qui utilisent la population active comme élément de rapport, par exemple pour mesurer le chômage. Des pays comme le Mali ou la Côte d'Ivoire comptent une proportion considérable de jeunes âgés de 10 à 14 ans. Les derniers recensements généraux réalisés maintiennent ces options. Non seulement les comparaisons entre les pays appellent beaucoup de précautions, mais encore l'interprétation de certaines données doit être opérée en les décomposant par tranche d'âge, les taux d'activité globaux ayant pris une signification complexe.

Quoi qu'il en soit, la croissance future de la population active reste une prévision très sûre. Cela représente autant d'emplois à créer, autant d'effectifs supplémentaires auxquels il faut donner une formation professionnelle. Le défi est d'importance pour des économies dont la dynamique de croissance demeure limitée. Certes, les densités de population restent faibles ou modérées dans la majeure partie des pays d'Afrique francophone comme l'indique le tableau 1 (Burundi et Rwanda exceptés), et les possibilités d'extension des installations agricoles sont encore importantes. Mais il ne faut pas oublier que les densités moyennes par pays cachent des disparités locales sensibles, notamment dans les pays sahéliens de grande dimension comme le Mali et le Niger qui comprennent des zones climato-écologiques très diverses.

Dans ce contexte général, les Etats africains tentent depuis quelque temps de mettre en œuvre des politiques de population. Comme nous l'avons relevé, jusqu'en 1972, les gouvernements n'avaient appliqué aucune politique délibérée pour faire face à l'accroissement démographique. C'est seulement en 1973 qu'on a connu clairement leurs positions à la suite d'une étude du Conseil de la population[15] portant notamment sur 38 pays africains. Les résultats de cette étude avaient montré que 15 d'entre eux, dont le Burkina Faso, le Burundi, le Cameroun, la République centrafricaine, la Côte d'Ivoire, le Gabon, la Guinée, la Mauritanie, le Niger, le Rwanda et le Zaïre ou bien n'avaient ni politique de réduction de l'accroissement démographique, ni services de planification familiale, que ce soit sous la forme officielle ou par l'intermédiaire d'organismes bénévoles, ou bien avaient une politique nataliste. Huit pays seulement dont le Maroc, le Sénégal et la Tunisie avaient une politique officielle de réduction des naissances et apportaient, pour des raisons de santé et de droits de l'homme, un soutien aux activités de planification familiale.

D'autres pays avaient une position intermédiaire. Ainsi le Bénin fait-il partie des 11 pays qui, pour des raisons autres que démographiques (santé et droits de l'homme) soutenaient officiellement les programmes de planification familiale mais considéraient tout effet antinataliste comme un sous-produit et non comme un objectif en soi. Le Mali avait accepté la mise en place, par des organisations bénévoles, des services de planification familiale.

Le classement ci-dessus prouve qu'un bon nombre de gouvernements africains avaient fait preuve d'une grande souplesse dans leurs politiques en matière de population. En effet, avec le temps, la situation avait quelque peu évolué. Néanmoins, des points de vue fort différents demeuraient, comme l'indiquaient les résultats d'une étude faite en 1982 par la Commission économique pour l'Afrique[16]. De cette étude, réalisée pour la Conférence internationale sur la population de 1984 à Mexico et portant sur 39 des 50 Etats membres de la CEA, il ressortait notamment que cinq pays seulement, dont la Côte d'Ivoire, la Mauritanie et le Zaïre, considéraient que le taux d'accroissement de leur population était satisfaisant. Deux pays, dont le Gabon, n'étaient pas satisfaits de leur taux qu'ils estimaient très bas tandis que 16 pays (soit 42,1 pour cent) n'étaient pas satisfaits parce que le taux leur paraissait très élevé; c'était le cas par exemple du Burundi, du Maroc, du Rwanda, du Sénégal et de la Tunisie. Enfin, 15 pays dont le Bénin, le Cameroun, la République centrafricaine, le Congo, Madagascar, le Mali et le Togo n'avaient toujours pas de position claire sur la question.

Au plan de l'action, il importe également de souligner que la majorité des pays étudiés (64,11 pour cent) n'avaient pas de politique démographique explicite. Les autres cherchaient soit à réduire (25,64 pour cent des cas) le taux d'accroissement de la population, soit à l'accroître (10,25 pour cent).

Les pressions et les contraintes de l'accroisssement rapide de la population sur les efforts de développement et sur les maigres ressources disponibles ont conduit les gouvernements à adopter une attitude plus positive. La deuxième Conférence africaine de la population (Arusha, 1984) leur a recommandé de contrôler la croissance démographique, de prévoir des services de planification familiale, d'en permettre l'accessibilité à tout couple ou à tout individu et de les insérer dans les services de santé maternelle et infantile, ainsi que d'éduquer la population en la matière[17]. Après la Déclaration de Mexico sur la population et de développement et le forum international réuni à Amsterdam en 1989 à l'occasion du XXe anniversaire du FNUAP, on a constaté une évolution révélatrice liée aux craintes nouvelles provenant de l'apparition du sida, aux difficultés de mise en œuvre de politiques de santé efficaces, au refus croissant de la fatalité de la part des populations et à la crise économique. De plus en plus de pays portent désormais une attention soutenue à la planification familiale, relayée par le Fonds monétaire international (FMI) et la Banque mondiale qui assortissent les programmes d'ajustement structurel de plans de limitation des naissances pour les années quatre-vingt-dix. Dans ce domaine, le statut et le rôle de la femme ont émergé comme facteur essentiel de toute politique de développement[18]. Le Togo s'est engagé, pour la période 1991-1995, dans la voie d'une politique de planification familiale fondée sur quatre axes: *a)* sensibilisation des groupes cibles (élèves, jeunes femmes et hommes, couples mariés, chefs traditionnels); *b)* fourniture de matériel contraceptif; *c)* prise en charge des programmes par les communautés; et *d)* politique de lutte contre le sida.

Les nouvelles mesures ne sauraient se borner à la diffusion de méthodes contraceptives; elles touchent à l'ensemble des éléments économiques et sociaux (statut de la famille, travail de la femme, conditions alimentaires et d'hygiène) susceptibles d'influencer la fécondité, la mortalité, la distribution spatiale de la population, etc. En d'autres mots, il convient d'envisager une approche intégrée des politiques de population dans le cadre des analyses économiques et de faire en sorte que les décisions dans ce domaine se traduisent par une assistance technique, financière et administrative d'un niveau suffisant.

Les Etats doivent particulièrement lutter contre les tendances à l'exode rural et à l'urbanisation. L'exode rural touche dans des proportions très différentes les hommes et les femmes; il entraîne ainsi des perturbations dans l'organisation du travail productif en milieu rural; la charge de travail pour les femmes devient de plus en plus lourde. Il a par exemple été noté dans l'étude sur le phénomène migratoire et les politiques associées[19] que diverses régions du Cameroun laissaient apparaître un rapport entre la main-d'œuvre féminine et la main-d'œuvre masculine dans les zones rurales atteignant 1,7 dans la province du Nord-Ouest, 1,5 dans celle du Centre-Sud. Le phénomène entraînait également un vieillisssement accentué de la main-d'œuvre présente y compris chez les femmes. La moyenne d'âge est de 54 et de 43 ans respectivement pour les hommes et les femmes dans le Nord-Ouest, cette moyenne étant déjà de 44 pour les deux sexes dans le Centre-Sud. L'augmentation des taux d'absence constatés dans les enquêtes et les recensements au Burkina Faso ou au Togo transmettent le même message.

L'urbanisation représente également une modification profonde des lieux où doivent s'opérer les équilibres entre l'offre et la demande de travail et plus encore un facteur de déséquilibre grave entre les compétences acquises sur le tas en zones rurales par les migrants et les compétences nécessaires à l'exercice des activités urbaines. Cela explique notamment d'une part le maintien notable d'activités agricoles en plein périmètre urbain et, d'autre part le faible niveau de productivité et de revenu pour beaucoup de nouveaux migrants et les perturbations que cela provoque dans le fonctionnement de certaines activités de production ou de services.

Force est de reconnaître que les résultats des actions de régulation de la population sont encore précaires. Dans un tiers des pays africains, moins de 50 pour cent des enfants en âge d'aller à l'école sont scolarisés. L'Afrique est le seul continent au monde où la production alimentaire croît moins vite que la population; les régions sahéliennes subissent une désertification spectaculaire et l'amélioration des conditions de travail des femmes reste pour une large part un vœu pieux dans certains pays.

Pour l'heure, les tentatives de maîtrise de la démographie se heurtent à des contraintes immenses, imposées par la crise économique persistante en Afrique depuis le début des années 1980 et les politiques de stabilisation et d'ajustement structurel qui lui sont liées.

Notes

[1] Oppong, C.: «African mothers, workers and wives: inegality and segregation» (Genève, BIT, 1987); recherches pour le Programme mondial de l'emploi, document polycopié pour distribution restreinte; Grégory, J.: «Migrations et urbanisation», dans l'ouvrage publié sous la direction de Tabutin, D.: *Population et sociétés en Afrique au sud du Sahara* (Paris, L'harmattan, 1988), pp. 369-399.

[2] Boserup, E.: «Economic and demographic interrelationships in sub-Saharan Africa», *Population and Development Review* (Genève, BIT), 1985, n° 3.

[3] Banque mondiale: *Rapport annuel 1990* (Washington, 1990), p. 116.

[4] Gregory, J., *op. cit.*

[5] Condé, J.; Zachariah, J.P.: *Démographic aspects of migration in West Africa* (Washington, Banque mondiale, 1978).

[6] Garcia, C.: *Aspects sociaux et économiques des migrations en pays Sarakolé (Mali)* (Genève, BIT, 1988), document de travail.

[7] Garcia, C. (responsable de publication): *Le secteur non structuré urbain au Burundi. Analyse d'une enquête réalisée dans quatre villes,* rapport d'une mission de consultation technique (Genève, BIT, 1990).

[8] Vijvenberg, W.: *Labor market performance as a determinant of migration* (Washington, Banque mondiale, 1989), LSMS working paper No. 59.

[9] Kradolfer, S.: *Dynamique des villes secondaires et migrations en Afrique de l'Ouest* (Université de Neuchâtel, Centre de recherche sur le développement, EDES 1991), p. 48.

[10] Newman, J.S.: *Women of the world: Sub-Saharan Africa* (Washington, USAID, Office of Women in Development, 1984).

[11] BIT: *Rapport sur l'emploi en Afrique* (Addis-Abeba), Programme des emplois et des compétences techniques pour l'Afrique (PECTA, 1988), p. 35.

[12] Kradolfer, S., *op. cit.*, p. 57.

[13] *Le Monde diplomatique* (Paris), févr. 1985. En 1982, 1 dollar des Etats-Unis valait environ 200 francs CFA.

[14] Voir en particulier Gaude, J. (directeur de publication): *Phénomène migratoire et politiques associées dans le contexte africain: études de cas en Algérie, au Burundi, en République-Unie du Cameroun et en Haute-Volta* (Genève, BIT, Programme mondial de l'emploi, 1982). L'objet de cet ouvrage était d'étudier le phénomène migratoire dans le contexte sociopolitique de l'Afrique contemporaine. Après une analyse des aspects méthodologiques, les auteurs se sont penchés sur des études de cas relatifs à l'Algérie (politiques rurales et migrations internes), au Burkina Faso (migrations rurales: saignée ou facteur de développement), au Burundi (mobilité rurale des hautes terres surpeuplées) et au Cameroun (exode rural des jeunes et politiques de développement).

[15] Maxwell Stamper, B.: «Population policy in development planning: A study of seventy less developed countries», *Reports on population family planning* (New York, Population Council), mai 1973.

[16] Commission économique pour l'Afrique (Nations Unies): *Fifth population inquiry among governments: ECA Member States' perceptions and policies on demographic trends in relation to development as of 1982* (Addis-Abeba, ECA, 1984).

[17] Chamie, J.: «Les positions et politiques gouvernementales en matière de fécondité et de planification familiale», *Population et sociétés en Afrique au sud du Sahara, op. cit.,* pp. 167-190.

[18] Gendreau, F.: *Le Monde diplomatique* (Paris), mai 1990, p. 16.

[19] Gaude, *op. cit.*

2

Emploi et formation: les implications de la crise économique

Le chapitre 2 expose tout d'abord les principales transformations des conditions d'emploi et de formation au cours des vingt à vingt-cinq dernières années, afin de faire comprendre les implications de la crise économique qui sont ensuite relatées succinctement.

L'emploi et la formation

Les principales transformations en matière d'emploi

Sans prétendre être exhaustif, nous croyons utile de relever les phénomènes suivants:

Tous les pays ont connu un développement rapide en termes relatifs de l'emploi qualifié à statut salarié, essentiellement dans le secteur public et les zones urbaines.

D'abord concentrée dans l'administration qui devait se consolider pour faire face à des responsabilités nouvelles après l'indépendance, cette progression de l'emploi salarié s'est fortement orientée à partir des années soixante-dix vers les sociétés et organismes parapublics créés pour donner plus de dynamisme aux actions de développement et pour suppléer aux déficiences et aux lenteurs de l'initiative privée dans l'agriculture, les mines, l'industrie et les services. Le volume de l'emploi public est passé au Cameroun, par exemple, de 52.000 en 1971 à 100.000 en 1980. En Côte d'Ivoire, il avoisinait 34.000 en 1965 et 92.000 en 1980.

Cet emploi s'est développé d'une manière volontariste, sans référence précise aux possibilités effectives des marchés, sans qu'il ait été tenu compte de l'alourdissement des charges récurrentes, et dans un cadre organisationnel peu propice à une productivité suffisante des travailleurs. Dans les administrations, notamment, les affectations hors de programmes et de responsabilités précises et, plus encore, le manque de moyens de fonctionnement des services ont rapidement rendu les cadres et agents peu efficaces.

En outre, les engagements formels ou moraux pris vis-à-vis des cadres en formation ont rapidement conduit le secteur public à une hypercéphalie, c'est-à-dire à une proportion excessive de cadres supérieurs eu égard aux cadres moyens disponibles, voire aux agents d'exécution.

Dans le même temps, le progrès technique, l'évolution des revenus monétaires, la croissance urbaine, le changement des habitudes ont favorisé l'émergence et la progression très rapide de ce qu'il est convenu d'appeler le secteur non structuré, c'est-à-dire de très petites unités de production et de distribution de biens et de services implantées dans les zones urbaines ou rurales des pays en développement.

Ces unités appartiennent essentiellement à des travailleurs indépendants qui emploient parfois une main-d'œuvre familiale, voire quelques salariés ou apprentis. Elles ne disposent, au mieux, que de capitaux très modestes; elles font appel à des techniques rudimentaires et à une main-d'œuvre peu qualifiée, si bien que leur productivité est faible; elles ne procurent généralement à ceux qui en vivent que des revenus minimes et très irréguliers et un emploi des plus instables[1].

Elles sont organisées selon des modes étrangers aux règles du secteur moderne de type occidental, l'accès en est aisé, et les normes de qualité ou de gestion n'y sont pas très précises. Nous tenterons de définir ce secteur au chapitre 4.

Le secteur non structuré a pris progressivement une place majeure dans l'absorption de la main-d'œuvre qui se présente sur le marché du travail urbain, les offres d'emploi salarié ne pouvant, et de loin, suffire par rapport au nombre des demandeurs d'emploi, notamment ceux qui sont sans qualification réelle, exclus du système scolaire, ou qui viennent directement des zones rurales dans le cadre des migrations spontanées non saisonnières.

Durant ces vingt dernières années, les activités relevant de ce secteur se sont fortement diversifiées, notamment dans les domaines de la soudure, de la réparation électrique, du commerce et des services.

Les écarts de qualification se sont accentués entre ceux qui ont acquis, par divers moyens, une compétence réelle et les autres. Les diagnostics des problèmes à résoudre sont ainsi devenus plus complexes; l'éventail des revenus s'est fortement élargi sans pourtant empêcher le développement d'une concurrence vive et l'aggravation des difficultés d'organisation des professions.

Enfin, il convient de souligner que le développement des activités du secteur non structuré et plus encore du nombre de travailleurs qui les exercent, s'est fortement concentré dans les villes principales tandis que le niveau quantitatif et qualitatif des productions et des services non agricoles dans les centres secondaires restait en deçà des besoins et des potentialités.

Un autre phénomène majeur de la période examinée est probablement la lente mais réelle diversification qualitative de l'emploi rural. Durant toute la période, des efforts importants ont été consentis à la fois pour apporter des aménagements et développer les cultures irriguées et, plus généralement, pour étendre et intensifier les cultures d'exportation à partir de techniques modernes et pour mécaniser l'agriculture ou introduire différentes formes d'élevage intensif de bovins et d'élevages spécialisés comme l'aviculture. Au Sénégal, de 1965 à 1977, la production de l'élevage accusait un taux de croissance annuel moyen de 13,9 pour cent[2].

Dans tous les cas, il a été nécessaire de renforcer et d'adapter les connaissances et les pratiques des agriculteurs et des éleveurs concernés dans des programmes et des structures d'encadrement spécifiques. Au Sénégal, par exemple, la création d'un réseau de sociétés régionales de développement rural répondait à ce besoin. Au cours des dernières années, dans la plupart des pays considérés, les cultures vivrières ont aussi fait l'objet d'efforts de productivité, et nombre d'agriculteurs ont bénéficié de conseils et d'aide concernant l'encadrement et la vulgarisation. Les différents programmes ont conduit à une différenciation notable des qualifications du monde rural en même temps qu'à des évolutions divergentes dans les taux d'occupation, selon que les exploitations se sont ou non orientées vers les productions et les techniques modernes.

Les caractéristiques et l'impact des systèmes d'éducation et de formation mis en place

Durant les vingt années qui viennent de s'écouler et dans la ligne des décisions prises à Addis-Abeba en 1961 en vue d'une scolarisation intégrale pour l'an 2000, tous les Etats ont réalisé des efforts considérables en faveur de l'éducation, notamment en ce qui concerne la scolarisation primaire.

Tableau 3. Evolution de la scolarisation dans quelques pays africains subsahariens (1966-1983)

Pays		Degré d'enseignement					
		Primaire		Secondaire		Supérieur	
Cameroun	A	1966	1983	1966	1983	1966	1983
	E	774 000	1 564 000	42 000	285 000	1 664	11 248
Gabon	A	1970	1980	1976	1980	1977	1981
	E	95 000	148 000	22 000	23 600	1 284	2 101
Mali	A	1976	1984	1976	1984	1976	1984
	E	264 000	293 000	57 400	58 100	3 600	7 400
Niger	A	1976	1986	1976	1986	1980	1986
	E	142 000	273 000	13 600	50 400	1 740	3 146
Sénégal	A	1972	1979	1965	1977	1965	1979
	E	270 000	370 000	22 000	58 000	2 139	11 232
Togo	A	1970	1979	1970	1979	1970	1979
	E	228 000	484 000	19 700	119 800	1 401	3 817

A = Année. E = Effectif.

Source: UNESCO: *Annuaire statistique* (Paris), diverses livraisons.

Les chiffres du tableau 3 montrent un accroissement significatif des effectifs scolaires de 1966 à 1983. Il en est résulté de nouvelles espérances chez les jeunes, une plus grande mobilité géographique et sociale de la population et, partant, un afflux plus important de main-d'œuvre sur les marchés du travail[3].

Un regard sur le tableau 4 montre la diversité des situations. Certains pays comme le Burkina Faso ou le Niger continuent de voir progresser leurs taux de scolarisation aussi bien primaire que secondaire sans que l'ajustement structurel ait une influence quantitative sur les flux d'élèves. A l'inverse, la Guinée, le Mali ou le Togo enregistrent une détérioration de leurs taux de scolarisation pour les deux niveaux d'enseignement. Le Bénin, pour sa part, connaît une relative stabilité des taux aussi bien

Tableau 4. Evolution des taux de scolarisation primaire (P) et secondaire (S)

Pays		1980	1983-84	1986	1987
Bénin	P	64	67-64	65	63
	S	16	22-19	16	16
Burkina Faso	P	21	27-29	35	32
	S	3	4-4	6	6
Cameroun	P	104	108-107	107	109
	S	19	21-23	23	26
Côte d'Ivoire	P	80	79-77	78	70
	S	19	18-20	20	19
Guinée	P	31	36-32	29	30
	S	14	15-13	9	9
	S	8	7-...	7	6
Mali	P	25	24-...	22	23
	S	8	7-...	7	6
Madagascar	P	148	...-121	121	...
	S	...	...-36	36	21
Niger	P	27	27-28	29	29
	S	5	6-7	6	6
Togo	P	122	102-97	102	101
	S	34	24-21	21	24

Sources: Banque mondiale: *Rapport sur le développement dans le monde* (Washington), diverses livraisons. PNUD: *Rapport sur le développement humain 1991* (Paris, Economica, 1991).

dans le primaire que dans le secondaire. Les trois autres pays parmi les plus importants d'Afrique francophone présentent des situations fluctuantes: la Côte d'Ivoire voit dans le même temps se maintenir sa scolarisation secondaire et diminuer sa scolarisation primaire. Le Cameroun enregistre une croissance significative des effectifs du primaire et du secondaire, alors que Madagascar n'a pas pu enrayer une réduction sensible des deux niveaux de scolarisation.

L'évolution de l'éducation a engendré de nombreux problèmes, faute d'une suffisante relation avec les conditions économiques et les moyens réellement disponibles. Il est, en effet, apparu rapidement un déséquilibre grave entre les formations générales et celles qui sont directement utilisables sur le plan professionnel, quel qu'en soit le niveau. Ces dernières sont restées d'un volume très faible par rapport au nombre de jeunes bénéficiant d'un enseignement général qui ont eu peu d'occasions de prolonger leur scolarisation de base par une formation spécialisée.

Des études menées par le BIT en Mauritanie (1984) et au Burkina Faso (1988) ont révélé un contraste frappant entre l'évolution des effectifs de l'enseignement technique et professionnel et ceux du reste du système éducatif, et l'état de crise de l'appareil de qualification professionnelle. Au Burkina Faso les effectifs de l'enseignement technique et professionnel ont diminué de 60 pour cent entre 1978-79 et 1986-87, alors que ceux du secondaire ont plus que triplé avec un taux de croissance annuel de 20 pour cent. En Mauritanie l'enseignement fondamental comptait 118.960 élèves en 1983-84 contre 35.000 en 1971. Tandis que les élèves du cycle fondamental totalisaient 56,5 pour cent des sortants, ceux de l'enseignement technique et de la formation professionnelle n'en représentaient que 5 pour cent. L'éducation fondamentale ne fournit aux jeunes aucun élément de formation à caractère professionnel susceptible de favoriser leur future insertion dans la vie active. Selon les estimations, plus de 700.000 jeunes Mauritaniens devaient sortir du système scolaire entre 1981 et l'an 2000, et la moitié d'entre eux se présenter sur le marché du travail en quête d'un emploi; mais seuls 5 pour cent auraient acquis une qualification professionnelle[4].

Plus alarmants encore sont la stagnation de l'enseignement technique industriel, la détérioration des critères de qualité des programmes, le manque de moyens et la vétusté des infrastructures. Il faut absolument repenser la stratégie en matière d'éducation et de formation soit repensée dans son ensemble pour tenir compte de la nature des besoins de l'économie.

La situation qui prévaut en Afrique, comme dans tout le tiers monde, implique que l'on fasse du système d'éducation un instrument de développement adapté aux besoins de la production. A cet effet, le système devrait comprendre des paliers d'orientation et des points de passage de l'enseignement général vers la formation (formation de main-d'œuvre qualifiée, de techniciens ou de cadres supérieurs). A chacun de ces paliers, un mécanisme d'orientation et de sélection permettrait de répartir les jeunes dans les différentes filières de formation en fonction de leurs aspirations, mais aussi de leurs aptitudes et des exigences du marché du travail. Il va sans dire que le développement d'un tel système réclamerait une information suffisante des élèves et étudiants et de leurs parents sur les débouchés possibles offerts par les filières de formations existantes. Il serait commandé par le volume des besoins de main-d'œuvre à terme, calculés sur la base d'enquêtes et d'instruments méthodologiques appropriés. Parmi ces instruments, il convient de citer, comme nous le verrons au chapitre 6, une classification des professions qui corresponde aux caractéristiques socio-économiques et qui soit suffisamment fonctionnelle, c'est-à-dire qui facilite la détermination des besoins de main-d'œuvre, en termes de spécialités et de niveaux de qualification compatibles avec des types et des niveaux de formation.

Les voies formelles la formation s'avèrent trop rigides pour répondre de façon rapide et cohérente aux exigences du marché du travail. La réunion d'experts organisée en 1983 par le BIT sur les méthodes d'évaluation des besoins de formation a mis l'accent sur la nécessité d'adopter des programmes de formation qui permettent une souplesse suffisante pour tenir compte des constants changements qui interviennent sur les marchés du travail. Dans cette perspective, elle soulignait que les jeunes devraient recevoir une préparation initiale large qui pourrait ensuite être complétée par une formation courte plus directement orientée vers l'exercice de la profession ou par des stages de perfectionnement au sein de l'entreprise, de manière à répondre à des besoins spécifiques de qualifications et à des situations changeant rapidement tout au long de leur vie professionnelle. En d'autres mots, cela permettrait d'ajuster de façon plus précise l'offre à la demande de main-d'œuvre et faciliterait les reconversions.

Dans la plupart des pays les structures et les programmes de formation tendent à s'adresser principalement au secteur moderne dont les possibilités de débouchés pour les jeunes sont très limitées. Au Burkina Faso, par exemple, l'étude (inédite) faite en 1988 recommande de privilégier d'autres voies, comme l'apprentissage fondé sur des travaux productifs et rentables, et les formations initiales polyvalentes susceptibles de permettre l'insertion des jeunes dans les activités artisanales et dans les entreprises du secteur moderne et, surtout, du secteur informal urbain et rural où se trouve l'essentiel des opportunités d'emploi ou d'auto-emploi.

Les formations techniques destinées aux travailleurs ruraux sont demeurées peu nombreuses hormis les programmes de vulgarisation. Des formations associant la pratique en alternance avec des phases de cours ou de visites de réalisations nouvelles sont restées des expériences peu répandues. Les programmes de vulgarisation quant à eux restent conçus non pas comme un élément de formation dans une démarche plus complète en vue d'élever la qualification, mais plutôt comme un moyen technique parmi d'autres dans une opération visant à améliorer la production et la productivité.

Les mutations structurelles des marchés du travail, l'utilisation des nouvelles techniques et l'expansion des nouvelles formes d'emploi exigent de nouvelles capacités de la part des travailleurs, en particulier les jeunes. Cela paraît d'autant plus vrai que la formation professionnelle est désormais considérée dans tous les pays comme le moyen de mettre un terme à la coexistence du chômage intellectuel et de la pénurie de travailleurs qualifiés, dans la mesure évidemment où elle est bien orientée et adaptée aux réalités économiques et aux besoins des entreprises.

Les modes de formation choisis entraînent nécessairement des coûts de fonctionnement relativement élevés que les budgets nationaux ont eu de plus en plus de mal à supporter. On peut compter, par exemple, dans un pays comme le Togo, que l'enseignement revenait par élève en 1984 à environ 15.000 francs CFA l'an dans l'enseignement primaire, à 32.000 francs CFA dans le premier cycle de l'enseignement secondaire, à 144.000 Francs CFA dans le second cycle de l'enseignement secondaire et à 950.000 Francs CFA pour un étudiant de l'université. L'écart entre les moyens humains et matériels et la pression de la demande sociale ont rapidement conduit à une surcharge des classes et à une baisse du rendement pour déboucher sur un accroissement dramatique du nombre d'exclus en cours de route du système scolaire. De manière générale, la croissance des effectifs a été beaucoup plus rapide que celle des maîtres et des locaux. Il en est résulté, en outre, une détérioration de la qualité de l'enseignement causée, entre autres, par une insuffisance de formation des maîtres[4].

La formation en alternance

De nos jours, apprendre en travaillant est devenu une formule d'enseignement de plus en plus appliquée dans la recherche de l'adéquation de la formation et de l'emploi. L'enseignement en alternance permet aux élèves et aux étudiants de partager leur temps entre l'école et l'entreprise.

L'extension des formations à vocation professionnelle, les enjeux d'un nouveau type de développement économique qui rapprochent les acteurs de la formation et ceux de la production, et la préoccupation des étudiants pour les débouchés ouverts par les diplômes ont contribué à changer le climat et à multiplier les expériences de coopération entre les universités et les entreprises. Dans les pays industriels (Allemagne, Etats-Unis,

France) les initiatives sont généralement prises soit par l'industriel qui peut, par exemple, mettre en place des formations d'ingénieurs de production, soit par les établissements d'enseignement aptes à monter des formations qui répondent aux besoins des industries de demain en partenariat avec les entreprises et les professionnels. L'Allemagne a un système dualiste alliant une formation pratique dans l'entreprise à un enseignement théorique dans une école professionnelle. En France la législation récente a multiplié les dispositions en faveur de l'insertion des jeunes dans la vie active et déployé une panoplie impressionnante de stages en entreprise: contrats de formation alternée, contrats emploi-formation, emploi-adaptation, etc. Toutes ces formules combinent la pratique en entreprise (formation sur le tas) et la théorie dans des centres. Le dispositif des contrats emploi-formation, par exemple, met en question le principe d'un enseignement exclusivement scolaire puisqu'il favorise l'insertion professionnelle des jeunes en leur permettant de se familiariser avec le travail pratique dans l'entreprise tout en complétant la formation professionnelle acquise en milieu scolaire, mais sans s'y substituer. Aux Etats-Unis l'éducation dite coopérative, autrement dit la formation en alternance, s'est fortement développée entre 1987 et 1990 au point qu'un millier d'établissements d'enseignement supérieur, sur les trois mille trois cents que compte le pays, offrent aujourd'hui à leurs étudiants des possibilités d'enseignement en alternance. Même le prestigieux Massachusetts Institute of Technology (MIT) a créé une filière de formation d'ingénieurs par cette voie originale[5]. Cette formation est beaucoup plus enrichissante qu'un cursus classique. Elle rassure les jeunes et leur donne le sentiment d'être capables de réussir leur entrée dans la vie professionnelle.

Sans prétendre atteindre les exemples précités, nombre de pays africains ont essayé de réconcilier dans leur législation l'école et le travail, la théorie et la pratique. Certains ont lancé des initiatives dans cette direction. Le Togo a entrepris pour la période 1990-1992 la mise en œuvre d'un programme de réformes institutionnelles destinées à renforcer et à mieux adapter le système de formation technique et professionnelle aux besoins du marché du travail. Il est prévu de doter les institutions de capacités d'analyse leur permettant de connaître les véritables besoins de main-d'œuvre sur le marché. Un volet important du programme porte sur la réorganisation des instituts de formation existants, de façon à renforcer le contenu pratique de l'enseignement technique et les connaissances théoriques dispensées dans le cadre des programmes habituels d'apprentissage, à accroître l'efficacité de ces instituts et à encourager la formation en entreprise. Il est également prévu de créer un fonds d'apprentissage, de formation et de perfectionnement professionnel pour le financement de projets dont les critères de sélection seront conditionnés par les résultats de l'évaluation régulière du marché du travail.

La crise économique, les politiques d'ajustement structurel et l'emploi

Depuis 1973, l'Afrique subsaharienne connaît des évolutions économiques préoccupantes en corrélation avec la crise mondiale de l'énergie et la restructuration de la division internationale conduisant au renforcement du statu quo au détriment du tiers monde. Les pays africains n'en ont toutefois pris conscience que progressivement, l'appartenance de la plupart d'entre eux à la zone franc ayant occulté partiellement, pendant un temps, l'impact de la crise sur leur balance des paiements. Des retournements de tendance, tel le relèvement du cours des matières premières dans la deuxième partie des années soixante-dix ou encore le démarrage d'une production pétrolière (Cameroun, Congo, Côte d'Ivoire, Gabon), ont fait croire à de nouvelles perspectives de développement. Des catastrophes naturelles graves, particulièrement la sécheresse et la désertification dans la zone sahélienne, ont mobilisé dans certains pays toutes les énergies.

Au total, il a fallu attendre le début des années quatre-vingt et la récession économique mondiale pour que les pays francophones se mettent vraiment à analyser les problèmes de fond, notamment l'emploi et la main-d'œuvre, engendrés par le ralentissement des perspectives d'industrialisation. Voyons maintenant les caractéristiques de la crise économique et ses implications sur l'emploi.

La crise économique et les politiques structurelles

Le début des années quatre-vingt a été marqué dans la majeure partie des régions du monde par une nette réduction de la croissance économique. Dans l'ensemble constitué par les pays industriels à économie de marché, on a pu observer des taux de croissance du produit intérieur brut (PIB) par habitant quasi nuls et même négatifs (–1,1 pour cent) entre 1980 et 1983. A partir de 1983, le redémarrage de la conjoncture a été sensible notamment dans les sept principaux pays industriels (le Groupe des Sept) où le taux moyen de croissance économique avait atteint 4,6 pour cent en 1988 avant de retomber à 3,5 pour cent en 1989. Cette récession apparemment de courte durée marquait, en réalité, pour les pays en développement et, notamment, les pays d'Afrique au sud du Sahara, l'entrée dans une période d'aggravation des difficultés économiques.

La plupart des pays du tiers monde n'avaient pas su, en effet, tirer partie du redressement de la situation dans les pays industriels pour trois raisons principales:

1) les charges du service de la dette (intérêts et amortissement) n'ont pas permis de dégager des ressources financières suffisantes pour l'investissement. En effet, les pays africains sont lourdement endettés. Pour l'ensemble de l'Afrique, la dette extérieure s'élevait, à la fin de 1986, à 175 milliards de dollars des Etats-Unis. Les intérêts payés par les pays de l'Afrique subsaharienne (à l'exception du Nigéria) n'ont cessé de croître depuis 1978 par rapport au PIB et aux importations. Quelques exemples suffisent pour montrer l'ampleur du phénomène. En 1987, au Burkina Faso la dette extérieure totale représentait 70 pour cent du PIB. La même année, elle atteignait 2 milliards de dollars à Madagascar, 3 milliards au Sénégal et 5,8 milliards au Zaïre. Au Cap-Vert l'endettement représentait plus de 90 pour cent du PIB. Au Sénégal, sur un budget de l'Etat s'élevant à 456 milliards de francs CFA en 1987-88, plus de 112 milliards étaient consacrés au

remboursement de la dette. Au Niger le service de la dette absorbait la moitié des recettes budgétaires.

Les données du tableau 5 montrent l'évolution de la dette dans la plupart des pays d'Afrique entre 1970 et 1988. Elles proviennent du système de notification de la dette à la Banque mondiale et concernent donc les pays qui en sont membres. Elles comprennent la dette à long terme (publique et à garantie publique et privée non garantie), la dette à court terme et le recours au crédit du FMI. A la fin de 1988, la dette extérieure totale de l'Afrique francophone au sud du Sahara s'élevait à quelque 55,5 milliards de dollars des Etats-Unis. A titre comparatif, les trois pays d'Afrique du Nord (Algérie, Maroc et Tunisie), à eux seuls, avaient une dette extérieure d'environ 51,4 milliards de dollars. Les statistiques disponibles ont aussi permis de connaître le poids du service de la dette et son volume par rapport au produit national brut (PNB). L'encours et le service de la dette exprimés en pourcentage du PNB sont très élevés dans des pays comme le Congo, la Côte d'Ivoire, la Guinée, Madagascar, le Mali, le Maroc, la Mauritanie, le Togo et le Zaïre. Il en va de même des intérêts versés dont le niveau oblige certains pays à contracter d'autres emprunts pour se procurer les devises qui leur font défaut en raison des pertes liées à la baisse des exportations et à la détérioration des termes de l'échange. Cela réduit d'autant les possibilités d'investissement productif, de création d'emplois et de développement de la formation des travailleurs.

2) certaines politiques menées à l'échelon national n'ont pas été assez incitatives pour attirer les investissements étrangers. Le taux d'investissement intérieur pour les pays en développement du continent africain a chuté de 26 à 19 pour cent entre 1980 et 1984[6].

3) la dégradation des termes de l'échange des produits agricoles a été spectaculaire, alors qu'il fallait faire face aux obligations de la dette et que s'accentuait le protectionnisme des pays industriels. D'après les estimations de la Commission économique pour l'Afrique, en 1986, les termes de l'échange des pays africains ont enregistré une baisse de 28 pour cent par rapport à 1985[7]. En 1989 le prix du café a accusé une chute de 21 pour cent à la suite de la suspension de l'application du système de contingents prévu par l'Accord international sur le café. Le prix du cacao a continué de s'effriter du fait d'une surproduction chronique. Certaines études indiquent qu'un raffermissement sensible des prix du café et du cacao est peu probable à court terme. Comme les pays africains sont lourdement tributaires de leurs exportations de ces deux produits, ils continueront probablement d'être affectés par la faiblesse de ces cours dans les années quatre-vingt-dix. Si l'on considère l'ensemble des produits sur toute la décennie précédente, la situation est beaucoup plus dramatique. Selon la Banque mondiale[8], pendant les années quatre-vingt, les prix de nombreux produits tropicaux sont tombés à leur niveau le plus bas depuis la seconde guerre mondiale. Les prix des produits de base autres que le pétrole ont baissé pendant presque toute la décennie pour amorcer une légère remontée en 1988. En 1989 ils étaient encore inférieurs de 33 pour cent à ce qu'ils étaient en 1980. La détérioration des termes de l'échange a été particulièrement marquée pour les pays africains, qui ont vu le pouvoir d'achat de leurs recettes d'exportation diminuer de 15 pour cent par rapport aux années soixante-dix.

Tableau 5. Dette extérieure publique et privée et ratios du service de la dette

	Encours de la dette totale à long terme				Versement d'intérêts en millions de dollars		Service de la dette à long terme en %				Total de la dette extérieure en 1988 (en millions de dollars)
	En millions de dollars		En pourcentage du PNB				Du PNB		Des exportations de biens et services		
	1970	1988	1970	1988	1970	1988	1970	1988	1970	1988	
Pays à faible revenu											
Bénin	41	904	15,1	49,3	0	8	0,7	1,0	2,5	5,4	1 055
Burkina Faso	21	805	6,6	43,4	0	14	0,7	2,0	7,1	11,9	866
Burundi	7	749	3,1	69,8	0	16	0,3	3,3	2,3	25,1	794
Rép. centrafricaine	24	584	13,5	53,3	1	7	1,7	1,1	5,1	5,9	673
Guinée	312	2 312	...	94,7	4	31	...	5,9	...	21,9	2 563
Madagascar	89	3 317	10,4	192,7	2	81	0,8	9,3	3,7	39,0	3 602
Mali	238	1 928	71,4	100,8	0	15	0,2	2,5	1,4	14,2	2 067
Mauritanie	27	1 823	13,9	196,2	0	33	1,8	11,9	3,4	21,6	2 076
Niger	32	1 542	5,0	66,0	1	74	0,4	5,6	4,0	32,6	1 742
Rwanda	2	585	0,9	25,5	0	8	0,2	0,7	1,5	9,6	632
Tchad	33	300	9,9	33,2	0	4	0,9	0,7	4,2	2,7	346
Togo	40	1 067	16,0	81,6	1	68	1,0	7,0	3,1	18,3	1 210
Zaïre	311	7 013	9,1	118,0	9	98	1,1	2,8	4,4	6,9	8 475
Total partiel	1 177	22 429	14,6	86,5	1,4	35,2	0,7	4,1	3,6	16,5	26 101

Tableau 5 *(suite et fin)*

	Encours de la dette totale à long terme				Versement d'intérêts en millions de dollars		Service de la dette à long terme en %				Total de la dette extérieure en 1988 (en millions de dollars)
	En millions de dollars		En pourcentage du PNB				Du PNB		Des exportations de biens et services		
	1970	1988	1970	1988	1970	1988	1970	1988	1970	1988	
Pays à revenu intermédiaire											
Algérie	945	23 229	19,8	46,6	10	1 809	0,9	12,7	4,0	77,0	24 850
Cameroun	140	3 366	12,6	27,0	5	192	1,0	4,6	4,0	27,0	4 229
Congo	124	4 098	46,5	205,0	3	75	3,4	13,1	11,5	28,7	4 763
Côte d'Ivoire	267	11 788	19,5	135,1	12	447	3,1	12,4	7,5	31,9	14 125
Gabon	91	2 128	28,8	65,6	3	57	3,8	2,7	5,7	6,2	2 663
Maroc	727	18 767	18,6	89,8	25	814	1,7	6,5	9,2	25,1	19 923
Sénégal	131	3 019	15,5	63,6	2	117	1,1	5,2	4,0	19,3	3 617
Tunisie	541	6 121	38,6	64,2	18	380	4,7	11,5	19,7	25,5	6 672
Total partiel	2 966	72 516	25,0	87,1	9,8	486,4	2,5	8,6	8,2	30,1	80 842
Total	**4 143**	**95 445**	**21,2**	**86,8**	**5,6**	**260,8**	**1,6**	**6,4**	**5,9**	**23,3**	**106 943**

Source: Banque mondiale: *Rapport sur le développement dans le monde 1990*, pp. 240-241 et 244-245.

Dans ce contexte général, l'Afrique a connu de graves perturbations économiques et sociales: rupture des grands équilibres économiques et dégradation des finances publiques; détérioration durable de la gestion des sociétés publiques; alourdissement des coûts des opérations de développement rural; difficultés sérieuses ressenties par de nombreuses entreprises privées.

Ces chocs d'origine externe ont conduit la quasi-totalité des pays africains à entreprendre des réformes politiques de grande envergure et à adopter, sous l'impulsion du FMI, des programmes de stabilisation et d'ajustement structurel. Ces programmes varient d'un pays à un autre; mais ils comprennent des éléments communs, tels la réduction des déficits budgétaires et des subventions, l'augmentation des prix à la production, la réforme des entreprises publiques et para-étatiques, la réforme de la législation douanière, la libéralisation des échanges et des capitaux, la déréglementation des marchés du travail ainsi que des mesures d'encouragement des investissements, particulièrement dans les secteurs de production susceptibles d'offrir des débouchés internationaux, en agissant sur les taux d'intérêt ou en modifiant à la hausse les prix des produits de consommation.

L'impact des programmes d'ajustement structurel

L'impact sur l'économie

Il n'existe encore aucune évaluation réaliste des programmes d'ajustement structurel (PAS) qui ont été mis en œuvre en Afrique subsaharienne. L'analyse des grandes tendances économiques au cours des années quatre-vingt fait apparaître deux phases distinctes: la période 1980-1984 a été marquée par la crise et la régression; à partir de 1984, l'Afrique a, dans l'ensemble, connu une modeste reprise économique, particulièrement dans les pays qui ont adopté des programmes d'ajustement et de réforme. Mais les effets ont varié en fonction des pays et des secteurs d'activité. Le PIB a progressé de 3,5 pour cent en 1989 (1 pour cent pour les pays du Sahel) contre 2,5 pour cent en 1988. Ce résultat tenait dans une large mesure à des conditions météorologiques favorables à l'agriculture et à l'amélioration des politiques économiques. Néanmoins, en raison des taux élevés de croissance démographique, la progression du PIB s'est traduite dans la plupart des pays par une croissance réduite, voire inexistante, du revenu par habitant. Une analyse par pays révèle plus clairement la détérioration de la situation macro-économique. En 1989, pour la troisième année consécutive, le PIB a diminué dans une proportion évaluée à 6,5 pour cent au Cameroun, à 1,4 pour cent au Bénin et à 1 pour cent en Côte d'Ivoire où les investissements sont tombés à des niveaux jamais atteints aussi bien dans le secteur public que dans le secteur privé. Dans les pays du Sahel, bien que les années 1988 et 1989 aient été marquées par des efforts persistants pour réaliser des réformes économiques en relation avec les programmes d'ajustement, le déficit de la balance des paiements courants a augmenté, passant de 12,2 pour cent du PIB en 1988 à 12,9 pour cent en 1989 au Mali, en Mauritanie, au Niger, au Sénégal et au Tchad. Tandis que l'inflation a ralenti dans quelques pays (Guinée, Togo, Zaïre), elle est restée élevée dans d'autres où l'effondrement des cours mondiaux des principaux produits d'exportation (café, cacao, phosphates, palmistes) a accentué les déséquilibres déjà importants de la balance des paiements et la chute du pouvoir d'achat des populations, entraînant ainsi l'aggravation de la pauvreté. La réduction du déficit du secteur public, mesure commune à tous ces programmes, a eu de nombreux effets secondaires négatifs. La compression des dépenses et notamment des rémunérations, a été fréquemment si brutale que chacun s'accorde à percevoir un effet immédiat sur la productivité du travail, les agents de l'Etat occupant un deuxième ou un troisième emploi hors du secteur public pour joindre les deux bouts. La dégradation des infrastructures de base, généralement très rapide en Afrique compte tenu des conditions climatiques, a été observée dans tous les pays concernés par les politiques d'ajustement structurel. La réduction drastique des importations s'est traduite par une pénurie de biens intermédiaires et, partant, par l'arrêt de nombreuses productions locales. Dans certains pays, comme le Congo, l'adoption de budgets d'austérité a profondément affecté les services sociaux tel l'enseignement où l'on assiste à une baisse continue du niveau et à une dégradation de la qualité de la formation. Enfin, la liquidation d'une partie du secteur parapublic a entraîné d'importantes mises en chômage.

L'effort de diversification des exportations n'a guère réussi parce que l'infrastructure de soutien aux exportations est insuffisante pour répondre aux besoins des investisseurs potentiels et que, dans ces conditions, les profits escomptables sont insuffisants. Les capitaux intérieurs préfèrent s'orienter vers des circuits parallèles ou des secteurs non productifs tels que la construction.

D'une manière générale, après quelque dix ans de réformes politiques et économiques douloureuses face à la crise, la situation des travailleurs continue de se détériorer. Cependant, malgré cette conjoncture économique défavorable, on discerne quelques lueurs d'espoir. Au plan local, la crise peut amener les responsables nationaux à revoir leur politique de développement en favorisant plus nettement les activités du secteur non structuré urbain et rural qui fait vivre la majeure partie de la population, et en recourant davantage aux programmes spéciaux de travaux publics, c'est-à-dire aux programmes publics pour l'emploi. Ces programmes qui se réalisent particulièrement en milieu rural ont deux fonctions: d'abord, entretenir et développer l'infrastructure rurale (construction de routes, irrigation, conservation des sols ou reboisement); ensuite, réduire la misère en procurant du travail aux chômeurs pauvres qui sont prêts à accepter des bas salaires. Ils contribuent ainsi à dynamiser la production agricole, à protéger l'environnement et à réaliser des ouvrages de première nécessité pour les communautés villageoises. Ils peuvent compléter les mesures de politiques de l'emploi grâce à leurs effets induits sur les revenus, la migration de la main-d'œuvre rurale vers les villes et l'amélioration du fonctionnement du marché du travail.

Il n'en demeure pas moins, comme l'a souligné le BIT, qu'un début de solution à la crise ne peut être trouvé que dans un environnement international plus favorable: croissance plus forte des pays développés, orientation de capitaux extérieurs vers l'Afrique, renversement de la tendance croissante au protectionnisme des pays industriels, octroi de facilités aux exportations de produits manufacturés simples (textiles, habillement, chaussures) et tropicaux. A cet égard, on doit observer avec le BIT que les industries de transformation des pays avancés jouissent d'un protectionnisme qui ne peut que décourager la consommation de produits en provenance des pays en développement. La Commission économique européenne (CEE), par exemple, applique au café, au cacao, au manioc, au thé, au caoutchouc, au sisal et aux bananes des droits de douane nettement supérieurs à 10 pour cent. La margarine est taxée à 25 pour cent dans la CEE, à 12 pour cent aux Etats-Unis et à 32 pour cent au Japon. Les droits sur les fruits frais vont de 10 à 13 pour cent, mais atteignent 30 pour cent sur les jus de fruit[9]. Il serait bon d'envisager également des mesures visant à alléger le fardeau de la dette – telles que remises de dette, conversion des prêts en dons dans les pays les plus défavorisés, remboursement des dettes en monnaie locale afin de financer les projets de développement liés à la création d'emplois et à la lutte contre la pauvreté[10].

En résumé, l'avenir ne paraît pas brillant pour les économies africaines contraintes de s'ajuster. Les cours des matières premières agricoles sont déprimés et continueront de s'effondrer. Les taux d'intérêt réels sont élevés et le service de la dette en est alourdi d'autant. Les banques sont de moins en moins enclines à apporter de l'argent frais aux pays africains dont la plupart tels la Côte d'Ivoire, Madagascar et le Sénégal, ont déjà signé avec le FMI plusieurs accords dits de facilité ou de confirmation. Les financements des organismes internationaux comme le FMI et la Banque mondiale restent insuffisants pour permettre d'ouvrir à nouveau des perspectives d'investissement et de développement. Tout au plus contribuent-ils à refinancer la dette et à assurer un minimum de solvabilité des pays. Tout cela implique toujours plus d'ajustements dans les années qui viennent, de nouvelles détériorations des conditions de vie des populations, une dégradation des services de base (éducation, santé) et, si les investissements n'augmentent pas, une dégradation du capital (capital productif, infrastructures, éducation, santé). Face aux faibles perspectives ouvertes par le processus d'ajustement, des stratégies de résistance se sont fait jour, qui tendent quelquefois à se transformer en révolte populaire. Dans cette situation d'étranglement, l'ajustement fait place à l'enlisement, doublé d'une marginalisation des pays africains dont la position se trouve affaiblie sur la scène internationale et dans leurs négociations sur la dette[11].

Cette analyse ne diffère pas de celle de la Banque mondiale qui, tirant les leçons de l'ajustement dans les années quatre-vingt dix, écrit qu'il demeurera une nécessité pour de nombreux pays. Certains subiront de nouveaux chocs, et beaucoup le poursuivront. L'expérience des dix dernières années tend à montrer que les mesures prises pour restructurer l'économie à la suite d'une crise macro-économique sont, pour l'essentiel, compatibles avec le passage, à moyen terme, à un schéma de croissance et de valorisation des ressources humaines véritablement réducteur de pauvreté. La Banque admet qu'à court terme, cependant, certains pauvres y perdront[12].

L'impact sur les marchés du travail

Faute de données suffisantes, à la fois quantitatives et qualitatives, il s'avère difficile de mesurer les conséquences des PAS sur les marchés du travail et d'établir un lien direct entre les changements résultant des programmes économiques globaux et ceux qui sont dus aux politiques d'ajustement en tant que facteurs conjoncturels. Par ailleurs, les généralisations concernant les conséquences de l'ajustement structurel sur l'emploi peuvent induire en erreur, et il faut absolument tenir compte des particularités, du niveau et du rythme de développement, du régime politique et du contexte socio-économique de chaque pays.

Tableau 6. Réforme des entreprises publiques

Pays	Nombre d'entreprises privatisées	Nombre d'entreprises liquidées	Nombre d'entreprises réhabilitées	Cas en cours d'étude
Bénin	.	.	.	11
Burundi	0	4	5	.
Cameroun	1	5	1	1
République centrafricaine	0	4	1	2
Congo	0	0	7	.
Côte d'Ivoire	14	24	.	.
Guinée	30	18	.	.
Madagascar	.	5	.	35
Mali	2	7	3	.
Mauritanie	4	5	9	30
Niger	18	4	7	22
Sénégal	22	23	4	.
Togo	6	12	.	7
Zaïre	1	3	2	.

Sources: Données tirées de diverses publications des Nations Unies et de la Banque mondiale sur les grandes réformes entreprises en Afrique entre 1983 et 1987.

Cela étant, il faut noter que les PAS ont eu des effets incontestables qui affectent le fonctionnement des marchés de l'emploi, qu'il s'agisse de l'emploi salarié dans le secteur moderne, de l'emploi des femmes et des diplômés ou qu'il s'agisse de l'évolution des salaires et des revenus, et de la formation.

L'emploi salarié. Entre 1983 et 1987, la majorité des pays d'Afrique subsaharienne ont entrepris des opérations de réforme de leurs entreprises publiques, qui ont abouti au total à la privatisation de 140 entreprises, à la liquidation de 130 autres et à la réhabilitation de 84. Certains pays ont été particulièrement touchés par ces opérations comme le montre le tableau 6.

Les entreprises installées en Côte d'Ivoire, en Guinée, au Mali, au Niger, au Sénégal et au Togo avaient déjà subi en 1989 de profondes transformations. Une conséquence inéluctable de cette politique a été le licenciement de centaines de milliers de fonctionnaires. Au Mali la restructuration du secteur public s'est traduite, entre 1979 et 1985, par la compression de 25 pour cent du personnel des sociétés et entreprises d'Etat. C'est également le cas, dans des proportions difficiles à chiffrer, au Cameroun, en Côte d'Ivoire, au Niger, au Sénégal et plus encore en Guinée. Les licenciés appartenant aux administrations centrales ont reçu des indemnités de départ. Le secteur privé n'a pu embaucher cette main-d'œuvre puisqu'il était lui-même conduit à licencier du personnel.

Les changements ont provoqué une concurrence accrue sur le marché de l'emploi salarié. En effet, la coïncidence de l'accroissement des flux de diplômés (fruit des politiques de scolarisation dans les années soixante-dix et de la crise de l'emploi salarié) a nécessairement donné lieu à de fortes tensions sur le marché de l'emploi qualifié. Deux phénomènes sont particulièrement sensibles dans ce domaine:

- la réintégration automatique dans l'administration publique d'une grande partie des cadres (ayant le statut de fonctionnaire) des entreprises publiques fermées a particulièrement réduit les besoins d'embauche de nouveaux cadres supérieurs; les concours désormais fréquemment instaurés n'offrent ainsi qu'un nombre de places limité, qui ne dépasse guère 10 pour cent des candidats;
- dans le public comme dans le privé, les candidats qualifiés sont de plus en plus nombreux et d'origine diverse; plus nombreux, dans la mesure où s'ajoutent désormais chaque année aux nouveaux sortants des filières de formation, les agents et cadres restés sans emploi, notamment lors des concours de l'année précédente; plus divers aussi, dans la mesure où s'affrontent désormais pour obtenir les postes disponibles, non seulement de nouveaux diplômés sans expérience, mais aussi des agents et cadres expérimentés licenciés lors des opérations de restructuration des entreprises publiques, voire dans le cadre des réductions d'effectifs d'entreprises privées en difficulté[13].

L'emploi des femmes. Les systèmes d'information laissent souvent à désirer en matière d'emploi et de travail des femmes, si bien que la fiabilité des données concernant les effets de l'ajustement dans ce domaine reste très variable, voire incertaine, quels que soient le pays et la nature des enquêtes. Selon les rares informations disponibles, il n'apparaît pas que les programmes d'ajustement aient entraîné, de façon spécifique, une réduction de l'emploi salarié féminin. Celui-ci a conservé dans l'ensemble les mêmes proportions. Cependant le plafonnement ou le gel des embauches tend inévitablement à freiner le lent rééquilibrage qui était en cours dans de nombreux pays en relation directe avec la progression de la scolarisation des filles. En zone urbaine, la baisse des salaires et des revenus des ménages rend encore plus nécessaires les revenus d'appoint des femmes, en particulier celles qui occupent une place importante dans le secteur non structuré. Par exemple, les estimations faites en 1989 pour le Togo à la suite des enquêtes menées par le BIT en 1984 et d'une enquête auprès des ménages conduite par le Fonds européen de développement (FED) en 1987 font apparaître que les femmes occuperaient les deux tiers des emplois du secteur non structuré urbain. En milieu rural, l'évolution varie d'une zone à une autre. Lorsque les programmes d'ajustement n'ont pu enrayer les flux migratoires, l'activité de la femme diminue comme par le passé. Par contre, lorsque la baisse des revenus urbains a entraîné le retour des migrants vers les zones rurales, on enregistre une diminution de l'activité féminine, d'autant plus grande que les mesures d'incitation à la production agricole profitent principalement aux hommes.

La perception de la question diffère si l'on considère le concept «emploi» au sens large et le partage des tâches au sein des ménages. Les politiques d'ajustement ont établi des incitations par les prix dans l'agriculture, ce qui procure des revenus supplémentaires aux producteurs. Faute de terre additionnelle et d'investissements pour améliorer la productivité, les agriculteurs réagissent à ces incitations en abandonnant une partie des cultures non marchandes au profit des cultures de rapport et d'exportation. Dans le milieu agricole, la femme exerce deux types d'activités: celles qui sont liées à sa fonction de reproduction (maternité, soins aux enfants) et à l'entretien du foyer, d'une part, et celles qui ont trait à l'exploitation de la parcelle servant à nourrir la famille, d'autre part. La réduction des dépenses publiques afférentes aux services sociaux (santé, éducation, crèches) lui impose des responsabilités accrues qui risquent de nuire à sa santé puisque, tout en consacrant son temps de travail aux soins des enfants, à l'entretien du ménage et aux cultures vivrières non marchandes, elle participe aux travaux concernant les cultures de rapport afin que le ménage tire pleinement profit du relèvement des prix agricoles[14]. Il s'ensuit que les effets de l'ajustement sur le travail de la femme dans les sociétés agricoles dépendent de la division du travail entre les sexes et risquent, par conséquent, d'alourdir encore davantage le fardeau de la femme.

L'emploi des diplômés. Le secteur salarié se caractérise par une embauche très réduite des jeunes diplômés, au moment même où leur arrivée sur le marché de l'emploi s'amplifie du fait des efforts de formation consentis pendant les décennies précédentes. Au Mali, pour la seule année 1986, 1.000 diplômés ont pu trouver un emploi sur un effectif de 5.800. En 1987, on estimait que 8.000 à 9.000 jeunes diplômés étaient à la recherche d'une situation professionnelle, auxquels s'ajoutent chaque année un stock d'environ 2.500 diplômés.

La majorité des pays africains ont abandonné les mesures réglementaires qui tendaient à assurer l'embauche automatique des jeunes diplômés dans la fonction publique. Ceux-ci sont ainsi directement soumis aux possibilités réelles d'absorption du marché.

Dans ce contexte nouveau, l'adéquation de l'emploi et de la formation a pris une importante accruc. Faute d'emplois salariés en nombre suffisant, une grande partie des jeunes diplômés cherchent à s'insérer dans le secteur non structuré ou à créer leurs propres emplois, sous la forme de micro-unités. Nombre d'entre eux doivent exercer une activité différente de celle pour laquelle ils ont été formés. A cet égard, l'évolution des flux de formation révèle une détérioration du niveau réel des qualifications dans l'économie; une part croissante des travailleurs n'ont qu'une formation très approximative, voire inexistante par rapport aux activités qu'ils exercent. Une enquête menée en 1990 à Douala (Cameroun) auprès d'un échantillon de micro-unités relevant de 12 métiers fait ressortir un écart très important entre le niveau d'instruction générale (plus de 80 pour cent sont alphabétisés et au moins les deux tiers ont suivi l'école primaire ou plus) et le niveau de formation professionnelle (plus de la moitié n'ont bénéficié que d'une formation sur le tas ou, au mieux, dans le cadre d'un apprentissage dont la qualité est aléatoire pour de nombreux métiers). La situation est encore plus problématique pour les métiers en progression pour lesquels les références existent peu, tels l'électricité du bâtiment, la plomberie, la peinture et la vitrerie, la sérigraphie, la transformation agro-alimentaire et divers services)[15].

Les salaires et les revenus. Un autre indicateur de la dégradation de la situation de l'emploi est la baisse générale des salaires et des revenus. Le tableau 7 montre l'évolution des salaires minima dans les pays africains francophones de 1980 à 1986-87. Sur 15 pays pour lesquels des données comparables existent, seuls le Burundi, le Cameroun et le Zaïre ont enregistré une augmentation du salaire minimum réel. Dans les autres, les salaires ont diminué d'environ un quart, mais la baisse a été de 30 à 40 pour cent en République centrafricaine, au Congo, en Côte d'Ivoire, en Guinée et à Madagascar.

Tableau 7. Evolution des salaires minima[1]

Pays	1981	1982	1983	1984	1985	1986	1987
Burkina Faso	92,9	105,1	97,0	92,5	86,6	88,9	91,5
Burundi	90,0	148,0	136,0	119,0	115,0	...	...
Cameroun	97,0	104,0	107,0	111,0	102,0	108,0	...
République centrafricaine	88,7	78,4	69,3	66,7	58,8	57,5	...
Congo	85,4	75,8	70,3	62,4	63,5	62,2	...
Côte d'Ivoire	92,0	94,2	88,9	85,3	83,7	78,6	71,4
Gabon	92,0	90,4	83,3	89,0	89,7	86,8	87,3
Guinée	90,9	86,7	78,4	70,5	63,6	...	...
Madagascar	90,0	81,0	68,0	68,0	65,0	64,0	...
Mali	91,0	98,0	101,3	91,4	...	...	...
Niger	87,0	78,0	80,0	74,0	75,0	77,0	...
Rwanda	93,6	84,0	78,7	74,5	73,4	...	...
Sénégal	99,0	91,1	94,1	84,2	78,2	74,3	...
Togo	84,0	83,0	75,6	78,4	79,8	76,7	...
Zaïre	76,5	63,7	91,6	163,1	164,5	112,0	...

[1] 1980 = 100.

Sources: BIT: *Annuaire des statistiques du travail 1989-90* (Genève, 1990) et annuaires statistiques nationaux.

Les salaires du secteur public ont également beaucoup fluctué. En prenant 1975 comme année de base, on a constaté que dans des pays comme le Bénin, la République centrafricaine, le Niger et le Togo, la valeur réelle du salaire dans la fonction publique avait atteint un indice allant de 43 à 66 pour cent en 1985. Cette baisse des salaires réels touchait tout spécialement les fonctionnaires des grades les plus élevés.

La régression des niveaux de rémunération a conduit la plupart des agents de l'Etat à démissionner pour offrir leurs services au secteur privé et à d'autres entreprises ou à rechercher d'autres sources de revenus dans des activités secondaires.

Dans certains pays, beaucoup de fonctionnaires font moins d'une demi-journée de travail normale. Ils possèdent des boutiques, des petits restaurants, des salons de coiffure et des taxis. Certes, ils en confient la gestion à leurs épouses et à leurs proches, mais ils doivent s'occuper personnellement de certains aspects de cette activité secondaire, comme de créer et de maintenir les liens avec les fournisseurs et de négocier les achats, et ils doivent parfois quitter leur travail lorsqu'une affaire ne peut être traitée depuis leur bureau. Autre activité accessoire exercée par de nombreux fonctionnaires, parfois parallèlement à une activité commerciale: la petite agriculture[16].

Il s'agit là, de toute évidence, d'une évolution négative pour les administrations publiques puisque l'exercice d'emplois multiples représente du temps pris sur l'occupation principale et se traduit nécessairement par une baisse de la productivité du travail. De surcroît, cette pratique constitue une utilisation irrationnelle des ressources humaines et un motif supplémentaire pour l'émigration de la main-d'œuvre qualifiée.

Dans le secteur agricole, en revanche, il y a eu une tendance à l'accroissement des salaires. D'aucuns supposaient qu'en Afrique la répartition du revenu allait s'améliorer avec l'orientation des programmes d'ajustement favorables à l'agriculture au détriment du secteur urbain et que les citadins salariés – qui sont censés souffrir des blocages de salaires, de la réduction des subventions et des hausses de prix – vivaient mieux que les agriculteurs. Or, il s'est avéré que l'inégalité entre salariés et paysans était bien plus réduite qu'on ne le pensait. Ces dix dernières années, avec l'effondrement catastrophique des salaires urbains, souvent associé aux programmes d'ajustement, la situation s'est dans l'ensemble inversée en faveur des agriculteurs. Les prix agricoles ont sensiblement augmenté à partir de 1983 sous l'effet des programmes d'ajustement, alors que dans les zones urbaines le salaire minimum a continué de baisser. En 1986 il ne couvrait plus que les deux tiers des besoins alimentaires minimal d'une famille citadine. Dans le même temps, le paysan moyen parvenait au moins à nourrir sa famille[17].

L'éducation et la formation. L'importance de l'éducation et de la formation pour le progrès économique devient de plus en plus évidente aussi bien pour le développement à long terme que pour l'ajustement à court terme. Ce sont des facteurs qui contribuent à l'accroissement de la capacité de production et d'adaptation et à la satisfaction des besoins des acteurs économiques sur les marchés de l'emploi. Or les PAS ont sur les systèmes d'éducation et de formation des répercussions qui sont lourdes de conséquences pour les marchés du travail. Les flux de formation influencent directement le niveau de qualification générale et professionnelle des jeunes demandeurs d'emploi et, par là, l'adéquation de la formation et de l'emploi sous ses divers aspects quantitatifs et qualitatifs. Les PAS ont deux sortes d'influences sur les flux de formation; d'une part, ils pèsent sur les finances publiques et empêchent un accroissement de l'offre de formation adaptée à la croissance démographique; dans le meilleur des cas, les contraintes imposées ne permettent pas d'améliorer le taux de recrutement des élèves; la situation reste en l'état, ce qui est grave pour les pays qui n'ont pas encore atteint des niveaux élevés de scolarisation. D'autre part, la détérioration des revenus des ménages les plus pauvres pousse de nombreux parents à écourter le temps de scolarisation de leurs enfants pour diminuer les dépenses scolaires et tenter d'obtenir des compléments de revenu pour la famille grâce au travail des jeunes. Le phénomène est d'autant plus sensible que les coûts réels de l'éducation augmentent avec les cotisations des parents ou leurs contributions à la construction des bâtiments, à l'achat des fournitures et à la réfection des locaux et du matériel.

Les aspects sociaux de l'ajustement structurel

Les conséquences sociales du développement ont suscité des préoccupations pendant les dernières années. Cela résultait du fait qu'au début des années quatre-vingt les PAS, selon le BIT, n'avaient pas été conçus de façon à «accroître la capacité productive des catégories les plus déshéritées de la population afin de jeter les bases d'une croissance soutenue et de la satisfaction des besoins essentiels»[18]. Pour pallier cette insuffisance, un projet intitulé *Dimensions sociales de l'ajustement* (DSA) a été lancé en 1987 par le Programme régional du PNUD pour l'Afrique, la Banque africaine de développement et la Banque mondiale, en collaboration avec le BIT et d'autres organismes bilatéraux et multilatéraux. Ce projet, exécuté par la Banque mondiale et auquel participent une trentaine de pays[19], vise à renforcer la capacité des gouvernements de l'Afrique subsaharienne à intégrer les préoccupations sociales et celles que suscite la pauvreté dans le processus d'ajustement structurel. Son objectif est triple: *a)* créer et tenir à jour des bases de données sur les dimensions sociales de l'ajustement; *b)* réaliser des études à caractère opérationnel; *c)* élaborer et suivre, dans leur évolution, des politiques sociales ainsi que des programmes et projets de lutte contre la pauvreté dans le cadre des futures opérations d'ajustement structurel.

Conformément à cette triple orientation, les trois sous-séries d'activités suivantes ont été programmées:

a) *enquêtes et statistiques:* des activités de rassemblement des données ont été menées et des progrès méthodologiques accomplis en matière d'enquêtes sur les ménages;

b) *analyse socio-économique:* des études analytiques ont été entreprises sur des sujets tels que la pauvreté, le marché du travail, la santé, l'éducation et la place de la femme dans le développement;

c) *conception et exécution des programmes:* ici, l'objectif est de réaliser des études pour intégrer les dimensions sociales dans les mesures d'ajustement structurel et pour assurer une meilleure participation des groupes défavorisés au processus de croissance[20].

L'OIT est membre du comité directeur du projet DSA et, à ce titre, collabore étroitement avec la Banque mondiale. Elle a participé à plusieurs réunions et ateliers techniques parmi lesquels il faut citer le Colloque sur les dimensions sociales de l'ajustement tenu à Yaoundé (Cameroun). Elle a fait partie d'une équipe chargée d'analyser le marché du travail et la politique de l'emploi au Togo en 1990. Il s'agissait de procéder à un examen de l'évolution récente du marché du travail, de la promotion des petites entreprises et de la réglementation du marché du travail. L'équipe a particulièrement recommandé que l'accent soit porté sur les projets à forte intensité de main-d'œuvre et sur les programmes adéquats de formation. L'OIT a été associée à la préparation d'un premier programme d'ajustement structurel au Burkina Faso, programme dont les réformes du marché du travail et de l'emploi constitueront un élément clé.

Les répercussions de la crise sur l'emploi dans les pays en développement font également l'objet de réflexions continues au sein de la Commission de l'emploi établie par le Conseil d'administration du BIT en novembre 1985. Depuis sa création, cette Commission examine régulièrement l'évolution des aspects sociaux de l'ajustement. Dans ce cadre, l'OIT a organisé, d'une part, La Réunion de haut niveau sur l'emploi et les adaptations structurelles (Genève, 23-25 novembre 1987) et, d'autre part, le Colloque tripartite sur l'ajustement structurel et l'emploi en Afrique (Nairobi, 16-19 octobre 1989). Confirmant l'analyse faite plus haut sur l'impact des PAS, ce colloque a conclu à une détérioration de la situation de l'emploi en Afrique au cours des dernières années, détérioration imputable principalement à la faible croissance du PIB, à la forte augmentation de la population active, à une faible productivité, à la baisse générale des salaires réels et à l'émigration des ménages ruraux pauvres à la recherche d'un emploi salarié.

Pour donner suite à ces réunions, l'OIT a décidé d'aider les Etats Membres qui le souhaitent à concevoir des politiques du marché de l'emploi, y compris la réglementation, l'amélioration des systèmes d'information sur le marché du travail, la formation et l'orientation professionnelle, afin de faciliter le réemploi et le recyclage des personnes qui perdent leur poste du fait de la crise économique et de l'ajustement. En relation avec les activités du Programme mondial de l'emploi (PME), des domaines ont été identifiés où il conviendrait d'accroître les capacités de recherches des pays africains pour donner une orientation sociale aux PAS. Ces domaines concernent, entre autres, l'analyse macro-économique, la productivité et les salaires, l'investisssement, le développement des petites industries et la mise au point d'indicateurs pour évaluer les coûts sociaux de l'ajustement.

Plus de deux décennies se sont écoulées depuis le lancement du PME dont les instruments demeurent valables. Un programme de recherche et d'activités pratiques a permis de mieux comprendre le chômage et la pauvreté, mais dans nombre de pays les objectifs sont tout aussi éloignés qu'ils l'étaient en 1969. L'évolution de la situation économique mondiale nécessite que l'on s'arrête pour réfléchir et s'assurer que le programme répond aux besoins changeants des pays. Cela est d'autant plus vrai pour l'Afrique en raison des graves répercussions de la crise qui ont contraint les responsables nationaux à s'engager résolument dans la voie d'une gestion économique rigoureuse et à accorder moins d'attention à l'emploi et à l'atténuation de la pauvreté[21].

Notes

[1] BIT: *Le dilemne du secteur non structuré,* rapport du Directeur général à la Conférence internationale du Travail, 78e session, Genève, 1991, p. 4.

[2] Fonds international de développement agricole (FIDA): *Rapport de la mission spéciale de programmation au Sénégal* (Rome, 1980), vol. 1.

[3] OIT-Programme des emplois et des compétences techniques pour l'Afrique: *Rapport sur l'emploi en Afrique 1988* (Addis-Abeba, 1989).

[4] Achio, F.; Alfthan, T.: *Planification de la formation en Mauritanie. Analyses et perspectives,* rapport d'une mission à Nouakchott (Genève, BIT, 1984).

[5] *Le Monde* (Paris), 31 mai 1990, p. 13.

[6] BIT: *L'ajustement: un défi pour l'Afrique,* Colloque tripartite sur l'adaptation structurelle et l'emploi en Afrique, Nairobi 16-19 oct. 1989 (Genève, 1989), p. 14.

[7] Ces données ont été reprises dans BIT: *La situation de l'emploi dans le monde* (Genève, Programme mondial de l'emploi, 1988), p. 16.

[8] Banque mondiale: *Rapport sur le développement dans le monde 1990* (Washington, 1990).

[9] BIT: *L'ajustement: un défi pour l'adaptation structurelle et l'emploi en Afrique, op. cit.,* p. 38.

[10] *Ibid.,* p. 37.

[11] Duruflé, G.: *L'ajustement structurel en Afrique (Sénégal, Côte d'Ivoire, Madagascar)* (Paris, éditions Karthala, 1988), pp. 195-198.

[12] Banque mondiale, *op. cit.,* p. 139.

[13] Trouvé, J.: *Contribution de l'information sur le marché de l'emploi à la maîtrise des politiques d'ajustement structurel et à leurs conséquences sociales* (Genève, BIT, document de travail, 1990), p. 6.

[14] BIT: *L'adaptation structurelle et ses conséquences socio-économiques dans les zones rurales,* Commission consultative du développement rural, 11e session (Genève, 1990), p. 43.

[15] Trouvé, *op. cit.,* p. 16.

[16] BIT: *Les salaires, les coûts de main-d'œuvre et leur impact sur l'ajustement, l'emploi et la croissance,* document présenté à la Commission de l'emploi du Conseil d'administration, 248e session, Genève, nov. 1990.

[17] BIT: *L'adaptation structurelle et ses conséquences socio-économiques dans les zones rurales, op. cit.*, p. 39.

[18] BIT: *L'ajustement: un défi pour l'Afrique, op. cit.*, p. 1.

[19] Le groupe comprend, entre autres, les pays francophones suivants: Bénin, Burkina Faso, Burundi, Cameroun, République centrafricaine, Côte d'Ivoire, Madagascar, Mali, Mauritanie, Niger, Sénégal, Tchad, Togo, Zaïre.

[20] Kanbur, R.: *La pauvreté et les dimensions sociales de l'ajustement structurel en Côte d'Ivoire* (Washington, Banque mondiale, 1990).

[21] Célestin, J.B.: *L'OIT et la relance de l'économie en Afrique,* Colloques 1987-88 tenus à l'Université de Neuchâtel dans le cadre de la campagne Nord-Sud du Conseil de l'Europe (Neuchâtel, EDES, 1988).

3

Planification de l'emploi et de la main-d'œuvre

Les pays africains ont déployé des efforts continus en matière de planification de l'emploi et de la main-d'œuvre. En liaison avec les travaux que chacun entreprenait et compte tenu des moyens humains et matériels qu'ils étaient en mesure de mobiliser au plan national, le BIT a apporté son aide technique soit dans le cadre de projets de longue et de moyenne durée (voir tableau 8), soit pour la réalisation d'études et d'enquêtes, soit encore pour définir et entreprendre des actions dans des domaines particuliers intéressant l'emploi et la main-d'œuvre, en particulier pour créer des unités de population, étudier et prêter assistance au secteur urbain non structuré et, plus récemment, pour apporter des réponses appropriées aux problèmes d'adéquation formation-emploi et d'insertion professionnelle des jeunes diplômés et des travailleurs licenciés des administrations et des entreprises publiques.

Dans les années soixante les efforts s'étaient portés sur l'évaluation et la planification de la main-d'œuvre salariée. Il s'agissait à l'époque d'aider les nouvelles administrations africaines à établir les méthodes et les instruments de recensement des offres et des demandes d'emploi dans des Etats qui devaient faire face à une pénurie quasi totale de main-d'œuvre qualifiée, en même temps qu'à une croissance urbaine dont les effets commençaient déjà à se faire sentir. La planification se donnait pour tâche d'identifier les besoins de main-d'œuvre par spécialité et par niveau de qualification et de déterminer les flux de formation correspondants. A partir du moment où la pénurie de main-d'œuvre n'a plus été la situation dominante, mais où les perspectives de croissance demeuraient élevées, la priorité a été donnée à la planification de l'emploi. L'important était désormais de trouver comment créer suffisamment d'emplois de niveaux et de spécialités correspondant aux flux de formation.

Essai de définition

Un point important est de savoir s'il faut faire une nette distinction entre la planification de la main-d'œuvre et la planification de l'emploi. Les économistes soutiennent généralement que la planification de l'emploi se rapporte aux politiques globales de création d'emplois pour absorber les nouveaux venus sur le marché du travail. Ces politiques se pratiquent soit à l'aide d'instruments macro-économiques, soit par des programmes directs de création d'emplois[1]. La planification de l'emploi concerne les questions qui touchent à la structure et à la précarité des emplois ainsi qu'à la stratification et à la segmentation du marché du travail. Le chômage, le sous-emploi et la pauvreté sont au centre de cette approche. Il en va de même de l'impact des investissements sur la productivité du travail et, de là, sur les niveaux d'emploi. Il importe de noter que, dans l'équation de l'emploi, la planification s'intéresse davantage à la demande qu'à l'offre de main-d'œuvre.

Quant à la planification de la main-d'œuvre, elle traite largement des différents aspects de l'offre, tels que le cheminement par lequel les personnes en quête d'emploi arrivent sur le marché du travail, ainsi que les niveaux d'éducation et de formation, l'âge, le sexe, les qualifications ou expériences professionnelles et les aspirations de ces personnes. Le planificateur de la main-d'œuvre détermine les besoins de formation de sorte que l'offre puisse être ajustée pour satisfaire les demandes de l'économie. Il indique les excédents ou les pénuries d'ingénieurs, par exemple, et suggère le nombre de places qui devrait être recommandé dans les écoles d'ingénieurs. De ce fait, il fournit un cadre analytique pour l'étude des déséquilibres entre l'offre et la demande, pour la planification de l'éducation et de la formation et pour un choix plus judicieux des investissemenmts dans ces domaines[2]. Il doit étudier les répercussions sur le marché du travail d'un abaissement de l'âge de la retraite et celles de la mise en valeur des ressources humaines sur la structure des salaires, le chômage et la répartition du revenu. Il anticipe et analyse la structure des qualifications requises par les nouveaux emplois.

Il importe d'ouvrir ici une parenthèse et d'observer que la planification de la main-d'œuvre a été l'objet de nombreuses critiques de la part de certains économistes. Ceux-ci disaient que les prévisions de main-d'œuvre à long terme établies avant les années soixante-dix étaient trop optimistes, au point d'entraîner, par l'entremise des programmes d'investissement, une énorme expansion quantitative de l'enseignement secondaire et supérieur formel en Afrique, en Amérique latine et en Asie, au détriment d'une éducation de qualité et d'une formation sur le tas. Il en résultait un nombre disproportionné de diplômés que la capacité du système économique ne permettait pas d'absorber[3]. En d'autres termes, la planification de la main-d'œuvre était, pour une large part, responsable du chômage des jeunes diplômés dans les pays en développement et devait, par conséquent, être remplacée par la méthode dite de l'analyse des coûts et avantages. Cette optique ne semble pas avoir été partagée – du moins pas entièrement – par tout le monde. Dans un article publié en 1972 par Jolly et Colclough, on pouvait lire ceci:

> Dans l'ensemble, notre évaluation des projections a montré que la plupart des plans africains de main-d'œuvre avaient surestimé l'accroissement futur des besoins de main-d'œuvre et de l'emploi de travailleurs instruits. Pour une large part, cette surestimation peut être attribuée à un optimisme exagéré quant à la capacité d'absorption de l'économie, mais elle est due aussi à un déséquilibre structural. Il y a toujours des postes vacants et on continue d'employer des «expatriés», spécialement dans les professions libérales et les professions techniques. Le développement rural demeure une nécessité évidente. Malgré les pressions visant à assurer l'absorption des nouveaux diplômés et des jeunes ayant quitté l'école, les besoins ne sont pas convertis automatiquement en demande sur le marché de l'emploi. Ce qui est peut-être le plus regrettable, c'est que, souvent, les qualifications et la formation mêmes de la main-d'œuvre instruite ne correspondent pas à la demande existante. En outre, dans la plupart des pays, l'enseignement secondaire et supérieur s'est développé à un rythme plus rapide que celui qui avait été estimé nécessaire dans les plans de main-d'œuvre. Aussi est-il probable que, du moins dans les pays étudiés, la situation au cours des dix prochaines années se caractérisera tout d'abord par une atténuation de la pénurie de main-d'œuvre qualifiée et instruite, puis par l'apparition d'excédents qui se formeront plus rapidement qu'on ne l'avait prévu à l'origine[4].

Tableau 8. Types d'actions entreprises en matière d'emploi et de main-d'œuvre

	Assistance de longue et de moyennne durée en planification; adéquation formation-emploi	Assistance de courte durée. Etudes emploi-main-d'œuvre; adéquation formation-emploi	Formation des cadres à l'information sur le marché du travail	Appui à la promotion des PME auto-emploi; réinsertion profession-nelle	Approche des problèmes de revenu	Unité de population	Etude et promotion du secteur urbain non structuré	Programmes de travaux à forte intensité de main-d'œuvre
Algérie	X	X						
Maroc		X						
Tunisie	X	X					X	
Burundi	X	X	X				X	X
Madagascar		X	X			X	X	X
Rwanda	X	X	X				X	X
Cameroun		X	X	X		X	X	
République centrafricaine		X						
Tchad		X						
Congo		X	X				X	
Gabon		X	X					
Zaïre	X	X				X	X	
Bénin	X	X	X	X	X	X	X	X
Burkina Faso	X	X	X		X		X	X
Côte d'Ivoire		X	X		X		X	
Guinée		X		X		X		X
Mali		X	X	X	X	X	X	X
Mauritanie		X	X					X
Niger	X	X	X	X				X
Sénégal		X	X	X	X		X	
Togo	X	X	X		X	X	X	X

Aujourd'hui encore, la controverse et le débat se poursuivent entre spécialistes sur les limites de la planification de la main-d'œuvre, alors que, dans le même temps, les responsables des pays en développement continuent de solliciter l'assistance du BIT dans ce domaine.

La parenthèse fermée, nous devons admettre franchement que, dans la pratique, il est difficile de maintenir une distinction entre les deux types de planification qui sont en fait liés par une étroite corrélation. Il ressort en effet de ce qui précède que les planificateurs de l'emploi et ceux de la main-d'œuvre doivent travailler en symbiose afin que l'équation offre-demande sur le marché du travail soit convenablement analysée. La planification de la main-d'œuvre ne peut pas se pratiquer isolément des phénomènes macro-économiques. De même, les politiques macro-économiques créatrices d'emploi ne peuvent pas ignorer les caractéristiques (formation, qualifications, âge, sexe, flexibilité) de ceux pour lesquels les emplois sont créés[5]. Qui plus est, Colclough décèle dans la planification de la main-d'œuvre une forme affinée de la planification de l'emploi[6].

Le tableau 8 récapitule les différents types et domaines spécifiques d'actions entreprises par un certain nombre de pays avec l'appui du BIT depuis 1977-1978 dans des projets de coopération technique qui se heurtent souvent à des incertitudes méthodologiques levées parfois avec succès par une réflexion nourrie par l'expertise internationale.

Nous tenterons d'examiner, d'une part, les méthodes qui ont été utilisées en matière de planification de l'emploi et de la main-d'œuvre et, d'autre part, les orientations qu'il conviendrait d'adopter en relation avec la crise économique et les programmes d'ajustement structurel.

Questions méthodologiques

Les approches classiques

Ces approches reposent sur le calcul et l'analyse simultanée de l'évolution prévisible de la main-d'œuvre et de celle de l'emploi.

Les prévisions de main-d'œuvre sont essentiellement quantitatives: à partir de données sur la population (volume, structures d'âge, etc.), elles s'attachent à déterminer quelles seront les arrivées brutes, année par année, sur le marché du travail, compte tenu d'hypothèses sur les taux d'activité et sur l'évolution de la scolarité. On détermine les accroissements nets après déduction de la mortalité pour les âges actifs et on corrige éventuellement en hausse l'offre de main-d'œuvre pour tenir compte du sous-emploi, les travailleurs sous-employés étant susceptibles de satisfaire une partie des besoins d'emploi, notamment dans l'agriculture ou pour les activités saisonnières de transformation.

Cette approche a des qualités car elle est relativement simple et rapide à mettre en œuvre. Elle permet en outre de bien situer l'ampleur globale du problème à résoudre. Elle a, par contre, des limites sérieuses car, d'un côté, elle suppose des bases d'informations solides concernant les taux d'activité et, d'un autre côté, elle oblige à faire des hypothèses fortement simplificatrices sur le fonctionnement des marchés du travail.

Or il est manifeste que les mesures des taux d'activité sont floues voire parfois totalement erronées en ce qui concerne l'activité économique et professionnelle des femmes; cette erreur est amplifiée par les hypothèses complémentaires selon lesquelles l'urbanisation fait baisser le taux d'activité féminin; l'incompréhension des analystes et des planificateurs devant la multi-activité et les statuts professionnels hybrides apparaît alors au grand jour.

Dans la démarche macro-économique, les prévisions de main-d'œuvre doivent rencontrer des perspectives semi-globales sur l'emploi. Au pire, la démarche est purement passive: on prend note des conséquences sur l'emploi issues des options sectorielles de développement et on souligne seulement les problèmes qui en découlent sans pouvoir réellement intervenir sur les choix de planification économique. Au mieux, on prospecte les effets en termes d'emploi de quelques simulations de stratégies de développement et on tente d'orienter les arbitrages d'investissement dans des sens favorables à l'emploi. Le plus souvent, on combine les deux et on rétablit artificiellement les équilibres en optant pour des croissances de l'emploi dans des secteurs et des zones où aucune expérience, aucune information n'existe pour apprécier la validité du choix effectué; l'agriculture et le secteur urbain non structuré sont ainsi censés absorber presque toute la main-d'œuvre en excédent par rapport aux emplois nouveaux nets identifiés.

Les techniques macro-économiques de planification de l'emploi utilisent aussi des estimations indirectes, fondées sur des coefficients de capital et une relation globale entre les emplois induits et les emplois directement créés.

Si, par définition, une telle méthode peut contribuer à donner des ordres de grandeur et à suggérer des propositions générales pour renforcer les effets en termes d'emploi des options de développement, elle ne peut pas servir directement à l'approche de l'adéquation de l'emploi et de la formation: en effet, elle ne prend pas en compte les compétences acquises par la main-d'œuvre nouvelle et elle ignore les caractéristiques en termes de niveaux ou de métiers, des emplois qui vont être créés directement ou de manière induite par les programmes prévus.

Les missions globales de l'emploi

A partir des années soixante-dix, de nouvelles approches dites stratégies globales de l'emploi ont été adoptées au titre du Programme mondial de l'emploi (PME) de l'OIT. Des équipes pluridisciplinaires, œuvrant dans un temps limité et effectuant un travail intensif en dialogue avec un éventail très large de responsables nationaux, se sont consacrées tout d'abord à examiner l'ensemble de l'économie et des besoins sociaux pour proposer des stratégies de développement propres à soutenir la création d'emplois pour tous. Ces missions globales apportaient un élément nouveau et essentiel: elles soulignaient par leur existence même que les effets des politiques économiques sur l'emploi n'étaient pas mécaniquement garantis et que des obstacles étaient à lever, des effets pervers à éliminer et des conditions à réunir. Elles ont ainsi centré leur apport sur la définition des voies et moyens à mettre en œuvre, sur la nature et l'importance des adéquations et des équilibres à réaliser[7].

Certes, l'ampleur très vaste du champ examiné empêchait en pratique de tels rapports d'être suffisamment concrets et précis. Surtout, les structures n'existaient que rarement pour en prolonger les travaux et pour les traduire en actions, en mesures pratiques et en projets.

Aussi, progressivement, les missions globales ont-t-elles tendu, à côté du diagnostic d'ensemble qu'elles posaient, à creuser plus particulièrement certains aspects de l'emploi, qu'il s'agisse de secteurs ou de sous-secteurs, ou encore de goulots d'étranglement. On constate clairement cette évolution à l'examen des résultats des missions effectuées en Afrique francophone, qui ont permis de traiter de situations exceptionnelles pour des groupes particulièrement vulnérables. Ce fut le cas notamment des missions spéciales réalisées dans la zone soudano-sahélienne dans le cadre de la lutte contre la sécheresse et contre la famine (Niger, Mali, Sénégal, Tchad, etc.)[8].

Néanmoins cette approche, malgré ses qualités et les améliorations qui y ont été apportées, reste difficile à mettre en œuvre en raison:

- du nombre de spécialistes qu'elle requiert;
- de la complexité des suivis à organiser en vue de la rendre opérationnelle;
- des obstacles à surmonter pour l'intégrer dans le processus général de planification (décalages de dates, voire de périodes).

Les difficultés de l'intégration de la dimension «emploi et main-d'œuvre» dans la planification du développement économique et social

En Afrique, comme dans d'autres pays en développement, la nécessité d'intégrer la planification de l'emploi et de la main-d'œuvre dans l'ensemble de la planification économique est largement reconnue, mais reste un problème épineux. Au lieu de constituer une partie intégrante de la planification socio-économique, la planification de la main-d'œuvre demeure souvent un exercice occasionnel et marginal. Cette situation est imputable aux difficultés que nous évoquons ci-après en distinguant le secteur moderne du secteur traditionnel.

Le secteur moderne

La faiblesse du processus de planification. Les planificateurs économiques distinguent schématiquement six grandes étapes dans le processus de planification: i) rassemblement des données; ii) fixation des objectifs globaux provisoires; iii) détermination des objectifs sectoriels et régionaux provisoires; iv) sélection des programmes et des projets; v) élaboration des plans sectoriels et régionaux; vi) révision des objectifs initiaux et mise au point finale du plan. Très souvent l'on constate que l'intégration se borne à cette dernière étape, ce qui signifie, dans la plupart des cas, que les options en matière de production et d'investissement sont décidées sans que l'on prenne en considération leurs incidences sur l'emploi et les besoins de main-d'œuvre qualifiée. Ainsi naissent des déséquilibres qui affectent les programmes de développement. Par ailleurs, l'intégration est généralement considérée comme achevée dès que les travaux des commissions sont terminés. A ce moment, la collaboration entre les planificateurs économiques et les planificateurs de l'emploi cesse pour ne reprendre qu'à la période de la préparation du prochain plan de développement; il est rare qu'ils se réunissent pour tirer ensemble les conséquences de l'exécution du plan sur les marchés du travail. Cela tient en partie au manque de données fiables et adéquates pour une analyse détaillée des problèmes[9].

L'organisation du travail de planification. Par nature, les problèmes d'emploi et de main-d'œuvre ne font pas l'objet de projets créateurs d'emplois à proprement parler. Les objectifs d'emploi sont atteints plus facilement par les caractéristiques données aux actions sectorielles de développement: choix techniques, priorité donnée à des secteurs plus ou moins gros utilisateurs de main-d'œuvre, localisation des projets de développement au regard des excédents de main-d'œuvre et de l'intensité des migrations, accélération relative des différents types de formation et de perfectionnement.

La planification de l'emploi et de la main-d'œuvre ne peut donc prendre réellement corps que dans la mesure où le processus général de planification permet les aller et retour entre les commissions sectorielles et celle qui est chargée de la stratégie de l'emploi. Cela signifie que cette dernière commission doit être constituée en commission horizontale, habilitée à intervenir dans les commissions sectorielles et à juger de la cohérence en termes d'emploi et de main-d'œuvre, comme on le fait par ailleurs en matière de financement ou de grands équilibres économiques. Or cette condition n'est encore intégralement remplie nulle part.

L'incompatibilité des langages utilisés. La plus grande partie des projets sectoriels expriment (quand ils le font) les conséquences intéressant la main-d'œuvre et l'emploi dans des termes impropres au traitement par les commissions chargées de l'emploi; par exemple: les nomenclatures utilisées ne distinguent que les cadres et les autres travailleurs, sans précision sur les métiers et les niveaux de qualification; certains emplois directs sont indiqués (encadrement technique d'un projet de développement rural, par exemple), mais les autres impacts directement induits ne sont pas mesurés. Les projets de développement rural sont ceux qui illustrent le mieux notre propos: ils indiquent le personnel de l'opération, mais non les modifications qu'ils vont entraîner dans le nombre ou le taux d'emploi des exploitants et de leur famille. Ils n'examinent même pas les effets probables de l'accroissement de la production attendu sur le stockage, les transports, la transformation et le commerce.

Les difficultés de cadrage temporel. Les dates des projets sectoriels sont souvent floues. Cela rend difficile la mise en relation entre ces projets et les disponibilités de main-d'œuvre dans un cadre temporel rigoureux. Il y a le plus souvent décalage de période quinquennale entre la réalisation de l'action et les effets qu'elle génère en termes d'emploi qui sont fréquemment étalés sur une certaine période.

Une part notable des éléments importants dans la stratégie de l'emploi concernent des domaines couramment non planifiés. Par exemple il est reconnu que les prix et les revenus ont un impact réel sur le fonctionnement des marchés de l'emploi; or ils ne sont que rarement traités dans les plans. Il en va de même pour une grande partie des mesures réglementaires et fiscales; citées ponctuellement dans l'arsenal des moyens à mettre en œuvre, elles ne font pas l'objet d'une démarche de planification synthétique garantissant leur prise en compte aux fins de la réalisation.

Tous ces éléments «hors plan» relèvent ainsi plus du vœu pieux qu'ils n'expriment un arbitrage entre des moyens dont on a vérifié qu'ils étaient disponibles, financièrement supportables, juridiquement et administrativement admissibles et cohérents.

Devant ces difficultés d'intégration, les responsables ont cherché à centrer la planification sur la satisfaction des besoins essentiels. Mais, bien que l'emploi fasse incontestablement partie de ces besoins essentiels, force est de constater que les efforts de planification en ce sens ont porté plus sur les autres aspects (alimentation, logement, santé, éducation de base) que sur les conditions et les possibilités d'emploi. Par ailleurs, l'intégration suppose que la planification soit multidimensionnelle et que l'étude des questions de population, d'emploi et de formation soit confiée non seulement à une commission horizontale pouvant éclairer et influencer les autres commissions tout au long du processus de planification économique, mais aussi à un comité permanent de planification des ressources humaines chargé, entre autres, de mesurer les effets du plan sur l'emploi. Cela nous amène à un autre problème, celui des institutions, que nous aborderons plus loin.

Le secteur traditionnel

Selon le Programme des emplois et des compétences techniques pour l'Afrique, de nombreux gouvernements africains témoignent aujourd'hui un intérêt croissant pour les prévisions de l'emploi dans le secteur non structuré. Cependant, malgré des efforts importants, notamment dans la collecte de données, il reste de nombreux obstacles à vaincre pour arriver à une intégration effective de ce secteur dans les systèmes nationaux de planification du développement. Une telle perspective soulève, en effet, de sérieux problèmes conceptuels quant à la nature et la définition du secteur, ainsi que des problèmes d'applicabilité des approches méthodologiques classiques dans un secteur aussi complexe qu'hétérogène. A cette difficulté s'ajoutent les problèmes de correspondance entre les nomenclatures en usage dans le secteur moderne et la classification des emplois et des professions dans le secteur non structuré. Il en est de même des nomenclatures des niveaux de formation.

Toutefois, certains pays comme le Burundi et la Côte d'Ivoire, produisent régulièrement, notamment lors de l'élaboration de leurs plans de développement, des données prospectives sur l'emploi informel. La méthode la plus utilisée à cet effet est très sommaire et privilégie les perspectives démographiques comme variable déterminante. Cette méthode exerce à l'heure actuelle une attirance particulière sur les responsables de la planification des ressources humaines dans les divers pays en raison, d'une part, de sa simplicité et, d'autre part, du nombre limité de variables nécessaires à son application. Cependant, les hypothèses implicites qu'elle incorpore soulèvent de nombreux problèmes quant à la pertinence de ses grands postulats: absence de chômage déclaré dans les villes et réduction du secteur non structuré à un phénomène exclusivement urbain. Par ailleurs, les estimations ont souvent un caractère global et ne fournissent pas d'informations sur la répartition sectorielle de l'emploi par branche d'activité et par niveau de qualification.

De telles insuffisances sont aujourd'hui perçues par un nombre croissant de pays. Certains expérimentent des ébauches de solution, notamment en harmonisant et en normalisant les définitions et les nomenclatures. Il reste que ces travaux se limitent souvent au seul secteur moderne. D'un autre côté, les efforts récents de développement des capacités de collecte et d'analyse des besoins de main-d'œuvre et de formation du secteur tendent souvent à rechercher simplement une sophistication des données, sans référence suffisante à un problème précis ou à une action à entreprendre. Enfin, on constate un déséquilibre croissant entre les études et les enquêtes sur les structures et la définition de politiques pour faire passer dans la réalité les orientations favorables à la promotion de l'emploi.

Il ressort que les perspectives d'amélioration des expériences africaines de planification des ressources humaines et plus particulièrement de l'estimation de l'emploi dans le secteur non structuré, requièrent des actions à deux niveaux, celui des outils et celui des méthodes.

Au plan des *outils,* l'effort prioritaire doit tendre à la centralisation et au traitement de toutes les informations aujourd'hui éparpillées dans divers services et institutions. Cependant, quelle que soit la qualité de ces informations, il sera partout nécessaire d'entreprendre des études approfondies afin d'affiner les tendances et les ordres de grandeur. Parmi les nouvelles sources d'information à développer à cet effet, signalons les enquêtes sélectives sur les métiers, les niveaux et les structures de qualification et les filières de formation.

Au plan des *méthodes,* s'il est aujourd'hui établi que la plupart des pays ne possèdent pas de méthodes adéquates de planification des ressources humaines, on ne doit pas pour autant renoncer à trouver les moyens d'adapterr les méthodes existantes au contexte local. Dans cette perspective, le problème le plus ardu à résoudre est celui des équivalences entre les métiers du secteur non structuré et ceux du secteur moderne, d'une part, et l'appréciation correspondante des niveaux de qualification dans les deux secteurs, d'autre part.

Certains pays, comme le Togo, sont déjà engagés dans cette voie, permettant à certaines catégories professionnelles du secteur non structuré de se présenter à divers examens professionnels d'entrée dans le secteur moderne. La prise en compte des leçons et des acquis de telles expériences peut contribuer à une appréciation plus réaliste des besoins de formation dans le secteur traditionnel, à une identification de groupes cibles prioritaires dans les programmes d'assistance destinés aux artisans et enfin à une plus grande mobilité de la main-d'œuvre d'origine informelle[10].

Les nouvelles orientations

Les programmes d'ajustement structurel ont entraîné, nous l'avons vu, des changements dans la structure de l'emploi, en particulier dans le secteur public; ils ont conduit à l'adoption d'une série de mesures correctives et incitatives à court terme, qui exercent des effets sur les approches appliquées avant la crise économique en matière de planification. Dans ce climat, la planification de l'emploi et de la main-d'œuvre, notamment son volet prévisionnel, est de peu d'utilité puisque son horizon est le moyen terme. Aussi s'oriente-t-elle de plus en plus vers une meilleure signalisation et une analyse continue du marché de l'emploi.

La crise a rappelé ensuite la nécessité de ne pas limiter, comme on l'a fait trop souvent, les opérations de planification de la main-d'œuvre au secteur moderne. Dans les pays africains, le secteur non structuré reste le secteur le plus important par son volume et son potentiel d'emploi.

Enfin, le secteur public ne tient plus la même place sur le marché du travail, et l'Etat a cessé d'être le principal pourvoyeur de l'emploi salarié. Le Colloque tripartite de l'OIT sur l'adaptation structurelle et l'emploi en Afrique (1989) souligne que, pour promouvoir l'ajustement et le développement, l'Etat doit être en mesure d'orienter les investissements vers les activités socialement les plus rentables, de pallier l'absence de marché et de certains facteurs de production, d'aménager et de garantir un environnement propice à la mobilisation des ressources et à l'investissement privé, d'appliquer à la mise en valeur des ressources humaines et au marché de l'emploi des politiques propres à relever la productivité du travail et à faciliter le redéploiement de la main-d'œuvre. Il convient aussi de concevoir et d'appliquer des mesures efficaces de création d'emplois et d'allègement de la pauvreté.

Dans le présent contexte, les bases pour une planification de l'emploi s'articulent autour de l'analyse des mutations du marché du travail, du renforcement des systèmes d'information sur l'emploi, d'une bonne connaissance des problèmes posés et d'un cadre institutionnel approprié.

Les nouveaux défis et l'analyse du marché du travail

Face au nouvel ordre de priorité dans les programmes de développement socio-économique et aux changements intervenus dans les marchés du travail, la planification de l'emploi doit s'assigner un certain nombre d'objectifs qui préoccupent de plus en plus les administrateurs et les responsables politiques.

Il importe de retenir tout d'abord le développement des emplois productifs dans le secteur non structuré. Comme nous l'avons souligné au chapitre 2, ce secteur occupe une proportion essentielle de la population active dans les pays africains et il faut s'attendre à ce qu'il offre davantage encore de possibilités de travail dans les années quatre-vingt et au-delà. A cette question se rattachent celles qui concernent la détermination des chances d'emploi indépendant et le développement des micro-entreprises. La plupart des gouvernements mettent en œuvre des programmes destinés à encourager l'emploi indépendant parmi les agents publics dont l'emploi salarié a été supprimé. Les études générales et les données les plus élémentaires manquent sur cette forme d'emploi, ainsi que les mesures d'incitation dont l'investissement et la formation. Il apparaît de plus en plus nécessaire de créer un véritable marché du travail englobant les composantes que forment le secteur non structuré, l'auto-emploi et les petites unités de production, favorisant en particulier la rencontre entre les entrepreneurs potentiels, d'une part, et les ressources humaines qualifiées, d'autre part. Dans ce domaine, l'acquisition des qualifications est souvent une condition essentielle. La planification de l'emploi peut aider non seulement à identifier les secteurs potentiels de création d'emploi à l'avenir, mais aussi à stimuler la formation professionnelle de base, la formation à la gestion et l'apprentissage.

Dans cette période d'austérité et de rigueur budgétaire, les planificateurs de l'emploi devraient s'attacher à identifier et à analyser les problèmes essentiels qui ont trait à la gestion des ressources humaines, ainsi que les moyens de mesurer et d'accroître la productivité du travail. Il serait utile, par exemple, de connaître les critères régissant les politiques de licenciement et de redéploiement, de recrutement, de promotion et de mutations en cours de carrière, d'efficacité et de motivation. De nos jours, les administrations et les entreprises publiques et privées s'intéressent davantage à tout ce qui peut stimuler la productivité. Outre les ajustements structurels au niveau macro-économique, tels que la privatisation et la déréglementation, de nombreux efforts d'amélioration de la productivité sont à faire dans chaque organisme ou administration. Dans leur grande majorité, les problèmes de productivité peuvent être mieux cernés dans le cadre d'un système de planification de l'emploi et de rassemblement des données permettant de détecter les obstacles, de fixer les objectifs, de sensibiliser les esprits, de quantifier et d'analyser le lien entre les programmes de développement et la croissance économique, d'un côté, et la réalisation de grands objectifs sociaux comme l'emploi, de l'autre[11].

Les planificateurs de l'emploi peuvent intervenir dans les centres de décision concernant la création des emplois à l'échelon régional ou local et, corrélativement, la mobilité de la main-d'œuvre et son adaptabilité qualitative aux occasions nouvelles d'emploi. Un nombre croissant de pays cherchent maintenant à encourager la mobilité des travailleurs sur le territoire, à l'intérieur des administrations publiques et entre le secteur public et le secteur privé. Il arrive très fréquemment que la mobilité soit freinée par des obstacles divers que son inclusion dans une stratégie globale de planification de l'emploi pourrait aider à lever. Cette question est abordée au chapitre 6 qui traite des perspectives d'amélioration des méthodes.

L'adéquation de la formation et de l'emploi n'est pas facile à calculer directement ni à maîtriser, étant donné les nombreux facteurs qui agissent sur le marché du travail. La planification de l'emploi et de la main-d'œuvre devrait alors viser à piloter et à créer les conditions des équilibres ou, tout au moins, à maintenir les déséquilibres à un niveau supportable. Concrètement, cela reviendrait à axer les recherches, d'une part, sur les possibilités d'incitation telles que les salaires, les revenus et les conditions de travail et, d'autre part, sur les possibilités d'adaptation de la formation. Au cours des années à venir les efforts d'investigation porteront sur les moyens d'action efficaces concernant les niveaux de rémunérations réels, leurs effets induits et les perturbations qu'ils risquent d'engendrer dans le fonctionnement ou les relations des marchés du travail et dans la mobilité de la main-d'œuvre. Dans cet ordre d'idées, il conviendrait également d'assurer le suivi, par des méthodes comparables, de l'évolution des revenus des principales catégories d'emplois: emplois du secteur structuré, emplois ruraux et emplois du secteur non structuré. La réforme des entreprises et les compressions de personnel commandent que les flux et les programmes de formation soient organisés non plus dans une optique étroite de spécialités et de niveaux, mais plutôt dans une optique large et souple de formation par étapes, de recyclage, de perfectionnement et de décentralisation effective des capacités de formation afin d'éviter les effets pervers du déracinement des jeunes instruits.

Ces quelques lignes d'orientation font apparaître à quel point, tout en étant étroitement articulée autour des différents aspects de la planification macro-économique, la planification de l'emploi doit désormais s'appuyer plus fortement sur une analyse du marché du travail, en particulier sur un examen approfondi des fluctuations de l'offre et de la demande de main-d'œuvre. L'expérience révèle qu'une telle analyse permet une meilleure compréhension des mécanismes, des facteurs et des ressorts qui gouvernent les composantes clés du marché du travail. Elle a, en outre, l'avantage de détecter les changements, les signaux et les ajustements qui ont des incidences notables sur la régulation du marché du travail.

La collecte et le traitement des données

La collecte et le traitement des données se font de plusieurs manières:

1. On procède à un inventaire critique des sources disponibles, qui vont bien au-delà des seules sources conventionelles (déclarations de main-d'œuvre, recensements généraux), en liaison avec une vision élargie des informations utiles pour la planification de l'emploi et pour l'adéquation de l'emploi et de la formation (formations non conventionnelles, données réglementaires et économiques influant sur les possibilités de développement de l'emploi, etc.).

2. L'introduction de systèmes complémentaires d'information pour aborder des réalités socio-économiques et humaines moins structurées, en particulier l'introduction et l'expérimentation de la méthode des informateurs clés: mise au point par le BIT vers la fin des années soixante-dix, cette méthode est considérée comme une source complémentaire qui permet de collecter des données sur l'emploi et la main-d'œuvre, en particulier dans le secteur non structuré et les zones rurales, sans avoir recours exclusivement aux enquêtes statistiques conventionnelles, généralement longues et onéreuses. Son principe repose essentiellement sur le fait qu'il existe des personnes qui, en raison de leur profession, de leurs responsabilités ou de leurs intérêts, ont une connaissance approfondie de la situation et des tendances de l'emploi dans leur secteur d'activité et leur région de résidence. En sélectionnant ces personnes et en faisant appel à leurs connaissances grâce à des entrevues systématiques et régulières, il est possible de recueillir des informations qualitatives susceptibles d'être mises, de façon rapide, continue et peu coûteuse, à la disposition des divers utilisateurs, notamment au niveau local. En fait, la méthode des informateurs clés n'est pas nouvelle en soi. Des pays comme l'Inde et le Pakistan l'avaient appliquée par le passé pour mener des enquêtes sur les qualifications techniques dans le secteur moderne. Ce qu'il y a de nouveau, c'est qu'elle est devenue un instrument efficace pour obtenir des informations sur le marché du travail, en particulier dans le secteur non structuré et les zones rurales des pays en développement, souvent négligés dans les enquêtes et les sources de données classiques. Elle complète ces dernières quand elles sont insuffisantes ou lorsque l'information désirée doit être plus détaillée, plus fréquente, d'un traitement, d'une diffusion et d'une interprétation plus rapides. En même temps, elle renseigne sur l'opinion et les sentiments des informateurs quant aux problèmes posés sur les marchés du travail. Les informations ainsi recueillies sont de nature davantage qualitative que quantitative. Telle est la leçon fondamentale des expériences réalisées par 13 pays à la

suite soit d'enquêtes pilotes organisées sous l'égide du BIT, soit d'enquêtes menées de leur propre initiative et fondées sur les informateurs clés dans des domaines particuliers des politiques du marché de l'emploi[12].

3. Le rééquilibrage des informations par rapport à l'importance relative des différents marchés du travail notamment l'apparition des enquêtes sur le secteur non structuré urbain, l'exploitation des données éparses pour cerner les phénomènes et les problèmes de l'emploi rural, le lancement des enquêtes sur l'emploi dans les ménages (citons le Programme des Nations Unies concernant la mise en place de dispositifs nationaux d'enquête sur les ménages en Afrique), la mise en œuvre des enquêtes sur les budgets et la consommation, la relance des recensements agricoles et des études régionales.

4. La hiérarchisation des besoins d'information et l'importance donnée, en fonction des besoins, à des études ou enquêtes sur des phénomènes jusque là négligés (mobilité professionnelle, conditions et processus de réinsertion professionnelle, analyses sectorielles des besoins et des qualifications).

Toutes ces transformations ont en commun le souci d'aller vers une planification active, propre à ordonner certains choix de développement en référence directe et principale à l'emploi et d'échapper à la logique stérile de longues opérations de collecte d'informations sur le marché de l'emploi non suivies de traitements, d'analyses et de réflexions qui en assurent l'utilité effective.

Quelques problèmes

Le chemin à parcourir est toutefois encore long car des informations essentielles font défaut. Le bilan effectué en 1984 sur une dizaine de pays[13] reste en la matière tout à fait valable. Il est clair, en effet, que l'Afrique francophone rencontre les principaux problèmes suivants:

a) Le rééquilibrage des informations sur la main-d'œuvre et l'emploi de façon à permettre une planification effective de ces aspects dans le milieu rural et dans le secteur urbain non structuré. Compte tenu de la façon dont les problèmes se posent dans ces deux milieux, il s'agit de parvenir:

- *pour le milieu rural:* à disposer d'informations régulières concernant des zones judicieusement découpées et portant sur les disponibilités des travailleurs par âge et par sexe, leur degré et leur type d'occupations par principales composantes et par période dans l'année; cela suppose implicitement de mettre en place des indicateurs sur les mouvements migratoires et sur les types et les niveaux de revenus, ainsi que sur leur évolution conjoncturelle ou à moyen terme;

- *pour le secteur urbain non structuré:* à pouvoir suivre l'évolution de l'emploi et des revenus notamment dans les activités en croissance comme dans les activités les plus saturées; cette liaison entre mesure de l'emploi et mesure des revenus tirés de l'activité exercée est indispensable pour apprécier la capacité réelle de chaque activité à absorber de la main-d'œuvre supplémentaire avec un taux d'activité suffisant. Compte tenu des conséquences de l'exode rural et de la croissance des grandes villes, il paraîtrait particulièrement urgent de concentrer l'effort d'information sur les centres secondaires, à l'instar de plusieurs pays qui se sont déjà engagés dans cette voie;

b) tant dans le secteur moderne que dans le secteur urbain non structuré et le secteur rural, agricole en particulier, l'information sur la main-d'œuvre et l'emploi la plus utile concerne les métiers (connus ou exercés) et les niveaux réels de qualification acquise lors de la formation d'origine ou par l'expérience. Ces données d'ordre structurel sont en effet au cœur des problèmes d'adéquation de la formation et de l'emploi, de recherche des possibilités d'emploi et d'activités nouvelles.

En effet, compte tenu du caractère numériquement dominant de la main-d'œuvre sans formation spécifique, il est essentiel d'identifier les compétences acquises, même partielles, sur lesquelles il serait possible de s'appuyer pour des formations complémentaires courtes adaptées à l'insertion professionnelle du plus grand nombre. Par ailleurs, compte tenu des faibles perspectives de création d'emplois dans le secteur moderne et des réticences des jeunes à s'installer dans l'agriculture, l'identification de nouvelles possibilités d'emploi devient prioritaire.

A cet égard, il est plus important de pousser la quête de données sur les formations non conventionnelles acquises à la faveur des campagnes de développement ou de l'apprentissage artisanal que de s'attacher aux moindres détails concernant les formations supérieures, par exemple;

c) dans le secteur moderne, les conditions d'insertion professionnelle des cadres deviennent un problème majeur dans la plupart des pays qui connaissent maintenant non plus la pénurie générale de cadres et de techniciens, mais la présence concomitante de pénuries dans certaines spécialités et d'excédents globaux de formations supérieures. Il faut parfois assurer aux jeunes cadres excédentaires un complément de formation pour qu'ils puissent acquérir les compétences exigées par les postes encore disponibles, ou l'expérience que requiert la nationalisation des postes de haut niveau, ou encore pour qu'ils soient en mesure d'assumer responsabilité de petites entreprises. Sur ce dernier point, les expériences tentées par des pays comme le Cameroun, la Côte d'Ivoire et le Sénégal pour aider à l'installation de jeunes universitaires comme entrepreneurs dans le secteur semi-formel montre qu'il ne suffit pas d'avoir une bonne formation théorique et un appui matériel pour acquérir les compétences d'un chef d'entreprise;

d) le domaine des revenus, malgré les éléments fournis ou à fournir par les enquêtes auprès des ménages, demeure l'un des plus problématiques dans la mesure où les éléments disponibles sont fréquemment partiels et où la fiabilité des informations est douteuse. Il est bien connu que, volontairement ou non, les déclarations de revenus par les particuliers lors des enquêtes sont systématiquement sous-estimées. La difficulté principale vient de ce que l'on ne dispose que rarement de moyens de recoupement pour apprécier la marge de sous-estimation.

Pour les revenus faibles ou moyens, l'approche par les dépenses fournit un élément d'appréciation très important; malheureusement de telles informations sont recueillies à intervalles très espacés. Dans le domaine rural, la règle la plus générale était la reconstitution des revenus monétaires et non monétaires à partir des statistiques de production et des prix. Cette procédure présentait toutefois des défauts graves dans la mesure où, d'une part, les deux types de statistiques sont de qualité douteuse, parfois même très éloignée de la réalité et où, d'autre part, cette procédure néglige par nature tous les revenus complémentaires provenant de sources non recensées dans les statistiques courantes de la production. Or ces revenus complémentaires peuvent fréquemment représenter 30 à 50 pour cent des revenus monétaires des familles rurales comme tendent à le prouver une grande partie des études monographiques existantes dans les pays examinés dans cette étude.

Des solutions originales et simples restent donc à trouver pour tous les secteurs.

Le cadre institutionnel

Un aspect particulier de la planification de l'emploi et des ressources humaines est son caractère multidisciplinaire et plurifonctionnel. Chaque administration, institution et entreprise publique ou privée est directement ou indirectement concernée par cette question qui, dans la plupart des pays, est sous la double responsabilité principale du ministère de la Planification et du ministère du Travail et de l'Emploi. D'autres départements exercent des responsabilités importantes, tels ceux qui sont chargés de l'éducation, de la formation professionnelle ou des statistiques. Par ailleurs, on assiste progressivement à une multiplication de structures spécifiques en matière d'études sur l'emploi et la formation. Outre les universités qui prennent une part active aux enquêtes et aux analyses de situation ou de perspectives, on constate l'existence ou l'apparition de bureaux d'études nationaux, d'instituts ou de centres spécialisés dans la formation et le perfectionnement professionnels tels l'Institut national de préformation professionnelle (INPP) au Zaïre et le Centre national de gestion (CENAGES) au Congo. Ces dernières structures disposent souvent de moyens et de responsabilités suffisamment importants pour se donner un poids et une autonomie remarquables dans leur domaine. La progression de sociétés publiques de développement intégré par région ou par produit, dotées de moyens humains et matériels exceptionnels par rapport à ceux des structures ordinaires de l'Etat, va dans le même sens.

La multiplication des partenaires peut avoir des effets bénéfiques mais suppose pour cela une coordination réelle et efficace tant pour le choix des études et des actions que pour leur programmation cohérente et leur exécution. Malgré de bonnes relations, une véritable concertation paraît faire encore défaut ou ne prendre qu'une envergure partielle ou temporaire, y compris quelquefois entre les ministères du Plan et du Travail.

La mise en place d'un mécanisme de coordination a fait l'objet, tant au niveau national que régional et international, de nombreux débats sur la question de savoir quel organisme devrait endosser la responsabilité générale de la coordination. La question est épineuse, mais l'on s'accorde à penser qu'il faut une institution coordonnatrice forte. La solution dépend des conditions locales et de circonstances particulières qu'il n'est guère aisé de maîtriser. Cependant l'expérience a livré quelques enseignements qui méritent de retenir l'attention.

Il n'existe pas de formules stéréotypées valables pour tous les pays. En réalité, n'importe quel organisme peut assumer la responsabilité primaire de la coordination des activités de planification de l'emploi et des ressources humaines si les plus hautes autorités ont la volonté de promouvoir des politiques actives de l'emploi et de la formation. Il importerait alors de bien définir les fonctions des diverses institutions afin d'éviter les doubles emplois et les conflits de compétence.

Si l'on admet que la planification de l'emploi doit être une partie intégrante de la planification socio-économique, il apparaît dès lors logique que la coordination soit confiée à l'organe qui en a la charge.

Les perspectives d'évolution de l'emploi consécutives aux politiques de stabilisation et de restructuration de l'économie qui se traduisent par une stagnation, voire une régression, du niveau général de l'emploi et qui impliquent la recherche de nouvelles activités en vue d'optimiser l'utilisation des forces de travail disponibles, donnent une nouvelle dimension à la mise sur pied d'un cadre institutionnel adéquat. Le ministère du Plan devrait être à même de définir clairement les fonctions assignées respectivement aux divers acteurs et d'établir un mécanisme permanent de coordination susceptible d'assurer un suivi des travaux confiés à chaque instance, tant au stade de l'élaboration que du contrôle de l'exécution des plans de développement. En plus des ministères de l'Education, du Travail et de la Formation professionnelle, ce mécanisme devrait notamment intégrer les ministères responsables du développement rural et du secteur non structuré, compte tenu du poids de ces secteurs dans l'évolution de l'emploi, ainsi que le ministère de l'Economie et des Finances, responsable de l'allocation des ressources consacrées au financement du développement. Il devrait également inclure les structures régionales intervenant dans la planification, dont le rôle devrait être renforcé et soutenu par des moyens adéquats, ainsi que les organisations d'employeurs et de travailleurs. Ainsi conçue, la structure de coordination devrait permettre également de débattre, d'une manière concertée, des éléments principaux des politiques de l'emploi et de la formation, tels les programmes de soutien et de création de petites et moyennes entreprises et de micro-entreprises en faveur des femmes, des migrants et des jeunes, la législation sociale, la réforme du code du travail, la flexibilité et la transparence du marché du travail, les salaires et la productivité, enfin la mise en place et la gestion des observatoires sur l'emploi et les qualifications.

Notes

[1] Rodgers, G.: «Labour market heterogeneity, labour underutilisation and employment planning», *Quantitative techniques in employment planning* (Genève, BIT, 1990), p. 67.

[2] Amjad, R. (directeur de publication): «Human resource development: The Asian experience in employment and manpower planning – An overview», *Human resource planning. The Asian experience* (New Delhi, OIT-ARTEP, 1987), p. 17.

[3] Blaug, M.: *L'éducation et le problème de l'emploi dans les pays en voie de développement* (Genève, BIT, 1974).

[4] Jolly, R.; Colclough, C.: «Une évaluation des plans africains de main-d'œuvre», *Revue internationale du Travail* (Genève, BIT), août-sept. 1972, p. 282.

[5] Hopkins, M.: «Labour market modelling and employment and manpower planning techniques», *Quantitative techniques in employment planning, op. cit.*, pp 71-72.

[6] Colclough, C.: «How can the manpower planning debate be resolved», *Quantitative techniques in employment planning, op. cit.*, p. 1.

[7] Les missions de stratégie globale de l'emploi portaient sur la Colombie, Ceylan, le Kenya, l'Iran, les Philippines, la République dominicaine, le Soudan et l'Egypte. Elles ont donné lieu à la publication des ouvrages ci-après par le BIT: *Towards full employment. A programme for Colombia* (Genève, 1970); *Des possibilités d'emploi à la mesure des espérances. Programme d'action pour Ceylan* (Genève, 1972); *Emploi, revenus et égalité. Stratégie pour accroître l'emploi productif au Kenya* (Genève, 1975); *Employment and income policies for Iran* (Genève, 1973), documents de travail; *Sharing in development. A programme of employment, equity and growth for the Philippines* (Genève, 1974); *Generación de empleo productivo y crecimiento económico. El caso de la República Dominicana* (Genève, 1975); *Growth, employment and equity. A comprehensive strategy report for Sudan* (Genève, 1976); *Employment opportunities and equity in Egypt* (Genève, 1982).

[8] Il convient de souligner que ces missions du Programme des emplois et des compétences techniques pour l'Afrique (PECTA) étaient moins ambitieuses que les missions globales proprement dites. Leurs objectifs variaient en fonction des conditions locales. Mais, grosso modo, elles avaient pour but d'entreprendre des études de diagnostic de l'emploi et de rechercher les méthodes d'intégration des composantes emploi, main-d'œuvre et formation dans la planification du développement. Pour plus de détails, voir les publications du PECTA: *Dynamique de l'emploi dans un système sahélien: le Niger* (Addis-Abeba, 1980); *Pour une politique d'emploi au Sénégal. Esquisse d'une stratégie concentrée et intégrée* (Addis-Abeba, 1982); *L'emploi d'abord. Eléments de stratégies pour la priorité à l'emploi au Bénin* (Addis-Abeba, 1984); *Emploi, potentialités et priorités au Mali* (Addis-Abeba, 1984); *Le défi de l'emploi pour le Rwanda* (Addis-Abeba, 1984).

[9] Richter, L.: *La planification de la main-d'œuvre en mutation. Quelques réflexions rétrospectives et prospectives* (document présenté au Séminaire sous-régional africain sur la prévision et la planification de la main-d'œuvre (Afrique francophone), Riga, 28 sept.-9 oct. 1987 (Genève, BIT, 1987).

[10] Gozo, K.: *La prévision de l'emploi dans le secteur informel: quelques faits basés sur l'expérience du PECTA dans certains pays africains* (Addis-Abeba, 1987).

[11] van Ginneken, W.: «L'ajustement des effectifs dans le secteur public: quelle politique pour les pays en développement?», *Revue internationale du Travail*, 1990/4, p. 497.

[12] Mason, W.; Richter, L.: *Information sur le marché de l'emploi par le canal des «informateurs clés». Manuel pratique* (Genève, BIT, 1987).

[13] Trouvé, J.: *La planification de la main-d'œuvre, de l'emploi et des ressources humaines en Afrique francophone subsaharienne. Bilans et perspectives* (OIT-PECTA, 1985).

4

Analyse des relations entre la formation et l'emploi par secteur d'activité économique

L'état des informations statistiques disponibles dans les pays africains, comme dans la grande majorité des pays en développement, ne permet pas de faire un rapprochement exact des données sur l'emploi et la formation. Lorsqu'un tel rapprochement existe, il dénote des déséquilibres quantitatifs et qualitatifs entre les besoins de l'économie et les ressources de la formation. Plusieurs facteurs expliquent cette situation. D'abord, le système de formation est particulièrement orienté vers le secteur moderne dont la capacité d'absorption de la force de travail est limitée. Cette situation se trouve aggravée, comme nous l'avons vu au chapitre 2, par les difficultés budgétaires consécutives à la crise économique qui contraint l'Etat à prendre des mesures de restructuration des entreprises publiques, de compression d'effectifs et de réduction des salaires. Face aux limites du secteur moderne en termes de création des emplois, les ressources de formation sont actuellement grosso modo excédentaires et l'on assiste à une montée de plus en plus inquiétante du chômage des diplômés. Des pays comme le Mali, la Mauritanie, le Niger, le Maroc et le Sénégal ne dissimulent nullement leurs préoccupations devant ce phénomène nouveau qui constitue l'un des traits fondamentaux des marchés du travail. Ensuite, sur le plan qualitatif, on note dans maints pays une spécialisation trop pointue des formations qui rend difficile l'équilibre du bilan besoins-ressources dans la mesure où les marchés du travail, donc les débouchés, sont étroits. A cela s'ajoute un désajustement entre les besoins des entreprises et le contenu des formations. La formation devient alors un investissement improductif. Enfin, le secteur agricole et le secteur non structuré, qui fournissent l'essentiel des emplois, disposent de peu de moyens pour assurer la formation et la qualification de la main-d'œuvre et sont très mal connus, faute de données aussi bien quantitatives que qualitatives. Il est vrai que certains pays, telle la Côte d'Ivoire, commencent à se doter progressivement d'instruments d'observation et d'analyse de l'emploi dans ces secteurs.

Ces considérations générales étant faites, nous distinguerons les problèmes de la formation et de l'emploi successivement dans le secteur rural non moderne, le secteur non structuré urbain et, enfin, le secteur moderne industriel, commercial ou agricole.

Cette approche sectorielle semble particulièrement justifiée pour le secteur rural et le secteur moderne qui constituent des circuits de main-d'œuvre relativement autonomes[1]. Le circuit rural admet une certaine mobilité de la main-d'œuvre, mais de nature interne, liée à la disponibilité des terres et à d'autres facteurs. Le circuit moderne accueille quelques travailleurs en provenance du secteur non structuré urbain, mais surtout des jeunes venus du système éducatif moderne, général ou technique. En revanche, le circuit informel urbain est beaucoup plus ouvert, accueillant les migrants des campagnes et des travailleurs en provenance de l'appareil de production moderne. Le problème des relations entre la formation et l'emploi se trouve, de ce fait, beaucoup plus complexe dans ce secteur.

Le secteur rural traditionnel

En Afrique, les activités de transition en milieu rural tendent à supplanter les activités véritablement traditionnelles: agriculture de subsistance et artisanat (potiers, forgerons, tisserands, joailliers). Il s'agit soit d'activités agricoles combinant cultures vivrières – autoconsommées ou commercialisées – et cultures d'exportation, soit d'activités informelles visant la commercialisation et la transformation des produits locaux ou constituant un relais pour certains produits en provenance du secteur moderne.

Depuis leur indépendance, la plupart des pays africains ont fait un effort très important en faveur de la formation en milieu rural, simple alphabétisation ou formation plus spécifique dans le cadre des campagnes de vulgarisation. Cet effort se fondait, au-delà de considérations politiques tout à fait essentielles, sur l'hypothèse qu'un accroissement de l'effort de formation se répercuterait de manière sensible sur la productivité du travail. Le raisonnement était le suivant: un agriculteur alphabétisé, c'est-à-dire, d'une certaine manière, initié au monde industrialisé devrait mieux saisir les informations économiques et sociales disponibles, mieux apprécier ses coûts et ses bénéfices, mieux maîtriser les nouvelles techniques, mieux assimiler les règles d'hygiène corporelle et alimentaire qu'un agriculteur n'ayant pu accéder à la formation. Cette déduction était confortée par diverses études de cas (réalisées surtout en Asie) tendant à montrer que les performances des agriculteurs des pays en développement ayant bénéficié d'une scolarisation suffisamment longue sont meilleures, toutes choses égales d'ailleurs, que celles de leurs homologues non scolarisés.

Sans que cette hypothèse, à dire vrai très générale, soit remise en cause, l'attention des pays africains s'est déplacée ces dernières années vers l'analyse des contenus de la formation et des conditions de sa mise en œuvre. En effet, au-delà du discours sur l'efficacité potentielle de la formation, se pose de manière chronique le problème de la capacité d'absorption de la formation par le milieu rural. Toutes les observations montrent en effet un très faible taux de rétention des acquis scolaires liés, certes, aux modalités d'organisation de la formation (peu d'enseignants compétents, insuffisance de matériel scolaire, mauvaises réponses à la nomadisation de certaines populations, etc.), mais aussi, et surtout, au manque d'usage des acquis compte tenu de la rareté du matériel imprimé dans les villages.

Dans ces conditions, le problème des relations entre la formation et l'emploi en milieu rural consiste prioritairement à savoir quoi et de quelle manière enseigner pour faciliter le changement dans le milieu d'accueil. Les approches dominantes, dans ce cadre, sont sociologiques et ont peu de rapport avec les approches économiques de la planification de la main-d'œuvre développées dans le cadre du secteur moderne. Force est de reconnaître, toutefois, que l'on est loin d'avoir trouvé une bonne formule. Par exemple, les essais d'adaptation de l'école élémentaire à la vie africaine par l'introduction du travail productif au sein de l'école et l'utilisation des langues vernaculaires semblent encore peu probants[2]. De même, on a beaucoup critiqué les modes de formation plus spécifiques en direction du monde rural, et notamment la vulgarisation agricole qui date, dans la plupart des pays d'Afrique, de la dernière guerre. Belloncle[3] reproche notamment à la vulgarisation de ne pas s'appuyer assez sur les structures sociales villageoises, sur l'accord des vieux pour que le changement soit accepté et diffusé. Sur ce point, le Mali constitue une exception: la plupart des programmes de vulgarisation agricole mis en œuvre en particulier dans les organismes de développement rural y sont assez décentralisés et proches des réalités locales. Par contre, la vulgarisation est excessivement liée à des thèmes techniques précis sans véritable perspective d'atteindre le niveau de compétences dont les exploitants agricoles ont besoin.

Enfin, un travail récent du BIT sur les programmes de jeunesse décrivant notamment les avatars de modèles israéliens de service civique au Bénin et en Côte d'Ivoire[4] renforce le diagnostic selon lequel l'apport de la formation en milieu rural africain dépend largement de la capacité à s'appuyer réellement sur les structures économiques et sociales existantes. Au Rwanda, le troisième plan de développement économique (1982-1984) avait prévu de généraliser l'enseignement rural artisanal intégré (ERAI) dans tout le pays de façon à ce que chaque commune compte au moins deux centres d'ERAI. A la fin de 1985, ce but était atteint dans huit communes. Ce réseau étant en place, on constate cependant qu'en tant qu'instrument pour faciliter l'insertion des jeunes ruraux dans leur milieu, il est loin d'être performant. Le manque d'intérêt des jeunes semble montrer que la formation n'est pas suffisamment adaptée aux réalités locales: le nombre de nouveaux élèves en 1985 a été inférieur à celui de 1982, première année d'entrée. Il apparaît que, pendant le quatrième plan (1984-1986), l'effort principal consacré à cet enseignement devait porter sur une orientation axée davantage sur les besoins et les structures du milieu. Il semble, de surcroît, que les programmes en direction des jeunes urbains pour un retour à la campagne n'aient jamais atteint dans aucun pays la masse critique qui leur aurait permis de durer.

Le secteur non structuré urbain

Qu'entend-on par secteur non structuré ou informel? En dépit de maintes tentatives de clarification et de définition, ce concept demeure encore relativement vague. Le mot secteur peut s'appliquer à plusieurs choses différentes. Pour certains, il signifie le marché du travail ou de la main-d'œuvre non structuré, englobant ainsi ceux qui travaillent hors du système organisé. Pour d'autres, il désigne tous ceux qui vivent dans les taudis, les bidonvilles et les logements précaires. Quant à l'expression «non structuré», elle implique l'existence de quelque chose de «structuré». Or, ce qui est considéré comme structuré ici peut ne pas l'être ailleurs. C'est dire que les interprétations peuvent être sources d'ambiguïté, voire de confusion. Un grand nombre d'autres caractéristiques sont prises en considération lorsqu'on cherche à cerner le secteur non structuré, tels que la faiblesse du revenu, les unités économiques non recensées, qui ne sont assujetties ni au système fiscal, ni au cadre administratif et juridique en place, le type de techniques utilisées, la structure organisationnelle et la taille de l'entreprise. En d'autres termes, il n'existe pas un mais plusieurs secteurs non structurés, si bien que toute définition ne peut que se fonder sur des considérations arbitraires et donc est susceptible d'être remise en cause[5].

Cela étant, ce secteur s'est développé récemment dans le système urbain par l'effet principal des migrations rurales. On y distingue plusieurs types d'activités[6]:

- les *petits métiers* à caractère précaire et ouverts à tous, sous réserve d'être acceptés par le milieu (laveurs de voitures, coursiers, etc.);
- les activités *juxtaposées* aux activités modernes: peu de capital, travail fourni par le patron et quelques apprentis; matières premières de récupération ou fournies par le client; qualité médiocre et prix bas du produit (petite menuiserie, textile, fabrication d'ustensiles de ménage, etc.);
- les activités informelles *capitalistiques,* activités concurrentielles du secteur moderne présentant, le plus souvent, un meilleur rapport qualité-prix (réparations automobiles, électricité, ferronnerie, etc.).

Compte tenu des quelques études disponibles, on peut présenter l'image suivante de l'emploi et de la formation dans le secteur informel urbain.

L'emploi dans ce secteur est un emploi auquel on accède rarement en tant que salarié. La majeure partie de la population au travail est composée de membres de la famille du patron et d'apprentis qui ne reçoivent pas de rémunération fixe. Les charges de personnel sont des charges variables, un des principes de base du fonctionnement des unités informelles étant, en effet, de suspendre leurs activités lorsqu'il n'y a plus de demande et de travailler en quelque sorte à la commande en fonction des perspectives à court terme. Ce mode de fonctionnement est une condition de survie des unités considérées; il est naturellement tout à fait antinomique de la conception moderne d'unités productives qui impliquent des coûts fixes à moyen terme (charges salariales et rémunération du capital).

Il y a, semble-t-il, à l'heure actuelle, peu de débouchés pour les diplômés du système d'enseignement moderne dans le secteur non structuré. Le passage dans un collège, même technique, n'est pas forcément un atout pour y entrer. En revanche, la formation sur le tas acquise dans le secteur moderne est fort appréciée dans les unités informelles.

Pour beaucoup d'observateurs, l'apprentissage est incontestablement l'un des modes de formation les plus adaptés au secteur non structuré urbain et aux réalités socio-économiques des pays d'Afrique subsaharienne. Il s'agit d'un mode de formation et d'insertion bien intégré à la production et particulièrement intéressant par sa souplesse et les faibles coûts qu'il engendre. L'atelier artisanal du secteur non structuré est un endroit privilégié pour acquérir un métier. L'apprentissage traditionnel est une école de formation à la vie active qui permet aux jeunes de se familiariser avec les réalités du travail et de la profession. Intégrer formation et production offre indubitablement des avantages quant au coût et à l'efficacité. Comme le souligne le BIT en 1991:

> En de nombreux pays encore, les méthodes traditionnelles d'apprentissage ont démontré une efficacité extraordinaire dans la transmission de qualifications parfois très élaborées. Cette formation est flexible, elle peut s'adapter aux possibilités d'emploi du secteur non structuré et elle tient compte de l'éducation de base insuffisante des individus qui y travaillent. A l'opposé,

la formation scolaire classique est beaucoup plus coûteuse et plus rigide et, trop souvent, elle prépare à des emplois qui n'existent même pas[7].

Une étude réalisée en Mauritanie en 1986 a montré que les apprentis sont susceptibles d'acquérir, dans les ateliers de petite taille, non seulement les techniques du métier, mais aussi les connaissances pratiques en matière d'approvisionnement et de débouchés qui les rendent aptes à s'installer à leur propre compte.

Outre sa nécessité économique, l'apprentissage remplit un rôle social en Afrique. L'entrepreneur ou l'artisan assume une grande responsabilité à l'égard des parents de l'apprenti, et il doit veiller à poursuivre, au-delà de la formation professionnelle, l'éducation, au sens large, du jeune qui lui est confié.

D'une manière générale, l'apprentissage est dispensé dans deux grands types d'unité:

1) *la quasi-école:* il s'agit d'une unité dont la vocation principale est l'apprentissage. L'unité est souvent structurée en fonction de cette mission, le maître artisan engageant des aides adultes susceptibles d'encadrer les apprentis. Il y a, en quelque sorte, une relation de maître à élève. Le nombre d'apprentis est sans commune mesure avec la production de l'unité. Les apprentis, par leur contribution financière, assurent la vie du maître artisan et de ses assistants;

2) *la micro-entreprise* est le modèle le plus courant: le maître artisan est à la fois producteur et formateur, l'apprenti est élève mais constitue surtout une force de travail. Les objectifs de production prennent le pas sur ceux de formation. Les apprentis n'ont souvent pas d'idée précise sur leur métier futur. Leur apprentissage est plus une source de rémunération immédiate, un moyen de subsister qu'un investissement à moyen et à long terme.

La croissance relative, observée dans de nombreux pays, du nombre d'apprentis semblerait corroborer la croyance dans l'efficacité de ce mode d'acquisition des compétences. Une étude du BIT sur l'Afrique francophone a fait apparaître que

84 pour cent des artisans ont été formés par l'apprentissage traditionnel, 7 pour cent par l'apprentissage dans le secteur moderne, 2 pour cent dans un centre de formation professionnelle et 4 pour cent par une combinaison de l'apprentissage traditionnel et de l'un des deux autres modes[8].

Dans bien des cas, cette croissance du nombre d'apprentis pourrait toutefois simplement résulter de celle des déperditions scolaires dans le système éducatif moderne et concernerait plus particulièrement les enfants des milieux pauvres, ceux qui viennent de familles aisées pouvant accéder aux établissements privés modernes fort coûteux. Il est d'autant plus malaisé de conclure que l'on connaît mal les raisons du choix de l'apprentissage, celui-ci semblant combiner des principes économiques (débouché de la formation, rentabilité au moins à court terme) et des critères plus traditionnels (métiers réservés à certaines ethnies, statut social)[9].

Quoi qu'il en soit, l'apprentissage n'évite pas aux jeunes les problèmes d'insertion professionnelle. On peut imaginer trois situations principales:

- Le jeune trouve un débouché dans le secteur salarié moderne. Dans ce cas, l'insertion peut se révéler difficile dans la mesure où l'apprenti se trouve au contact de jeunes en provenance du secteur éducatif moderne. En pratique, ce débouché est très rare, sauf en tant que manœuvre, c'est-à-dire sans valorisation de la qualification acquise au cours de l'apprentissage.

- Le jeune continue à s'employer dans le secteur non structuré, mais en prenant un statut de salarié. Ici, il n'y a pas de problème technique d'insertion mais, en revanche, des problèmes relationnels sont à envisager avec les aides familiaux et les apprentis de l'unité d'accueil.
- Le jeune s'installe à son propre compte, mais il est confronté à de multiples problèmes auxquels il a été mal préparé. De plus en plus de pays s'efforcent heureusement d'aider les jeunes à accéder à l'emploi indépendant. Cette démarche implique un appui financier, un équipement direct et un changement de mentalité en ce qui concerne les prêts bancaires. On admet généralement que les travailleurs indépendants et les micro-entrepreneurs devraient être formés aux techniques de base de la commercialisation, de la comptabilité, du droit fiscal, de la gestion du crédit, de l'organisation de la production, du calcul des coûts et des prix de vente, etc.

Il apparaît que les meilleures performances économiques sont obtenues par les artisans qui ont bénéficié d'une formation scolaire technique combinée judicieusement avec un apprentissage artisanal traditionnel. L'évolution va dans ce sens à la suite des programmes de restructuration et d'ajustement économique.

> La crise économique... a ouvert les yeux sur la capacité qu'a, en puissance, le secteur non structuré de corriger certains effets négatifs sur la production et l'emploi que la baisse de l'activité a entraînés dans le secteur structuré. L'emploi indépendant et les micro-entreprises ont absorbé non seulement des travailleurs du secteur structuré qui avaient perdu leur emploi, mais surtout des jeunes citadins qui entraient dans la vie active. Le coup de frein donné aux dépenses salariales de l'Etat et au mouvement des affaires dans le secteur structuré à la suite des mesures d'ajustement structurel prises depuis 1980 ont incité plusieurs gouvernements africains ... et les organismes d'aide à prendre en considération des projets intéressant le secteur non structuré afin d'atténuer la crise[10].

Ces dernières années, de tels projets ont été mis en chantier ou programmés dans des pays comme le Bénin, le Burkina Faso, le Burundi, le Cameroun, le Cap-Vert, le Congo, la Côte d'Ivoire, le Gabon, la Guinée, Madagascar, le Mali, le Niger, le Sénégal et le Zaïre; ils sont destinés à encourager la création des emplois et à procurer une formation technique aux artisans dans le secteur des micro-entreprises.

Le rapport du BIT sur la promotion de l'emploi indépendant déclare que:

> La possession de qualifications appropriées est souvent une condition essentielle pour réussir dans l'emploi indépendant. Il peut s'agir de l'aptitude nécessaire pour fabriquer un article simple et vendable (artisanat), pour assurer un service (coiffure, réparation-entretien) ou pour gérer une petite entreprise. C'est pourquoi la formation occupe souvent une place de choix dans les efforts qui visent à promouvoir l'emploi indépendant. Parmi ses composantes principales figurent la formation professionnelle de base, la formation à la gestion et le développement de l'esprit d'entreprise...
>
> Dans beaucoup de pays en développement ces qualifications s'acquièrent en dehors du réseau institutionnel... C'est l'apprentissage qui, le plus souvent, tient lieu de «formation».

Un avantage de ce système non institutionnel, c'est précisément son absence de structures, qui lui confère souplesse et adaptabilité aux besoins immédiats[11].

Le secteur moderne

Nous entendons par secteur moderne l'administration publique, les professions libérales et les entreprises, grandes ou petites, publiques, parapubliques ou privées, dont l'organisation est comparable à celle qui est adoptée dans les pays industriellement développés. Toutes ces unités combinent capital et travail et reposent sur le travail salarié.

Le secteur moderne – et particulièrement le secteur public – constitue évidemment le débouché essentiel du système de formation moderne postprimaire. C'est vrai notamment pour la fonction publique à laquelle on accédait (de fait) jusqu'à ces dernières années. La réussite à un concours à la fin du secondaire donnait, en effet, droit à une bourse d'études et, en fin de cursus, à une intégration dans l'administration.

Dans ce cadre d'ensemble, l'analyse des relations entre la formation et l'emploi s'effectue traditionnellement par le biais d'une double projection: i) projection du système éducatif sur la base de modèles linéaires intégrant des paramètres de comportement des étudiants, intrafilières (succès, redoublement, abandon) et interfilières (choix d'orientation); ii) projection du système productif fondé sur des taux de croissance attendus de branches d'activité et des hypothèses sur l'évolution des coefficients de main-d'œuvre. La comparaison des résultats de ces deux projections, réalisées de manière plus ou moins sophistiquée, permet d'apprécier les principaux déséquilibres à terme. Les résultats obtenus peuvent être validés par des enquêtes en entreprise[12]. Comme nous le verrons au chapitre suivant consacré aux instruments méthodologiques, la plupart des études à moyen et à long terme retiennent ce type de méthode qui a permis, en phase de croissance des systèmes éducatifs, d'évaluer à peu près correctement les investissements. La projection de la structure des emplois a notamment révélé, dès le début des années soixante-dix, les besoins de formation technique nécessaires au développement industriel et à la mise en œuvre des politiques agricole et sociale.

A l'heure actuelle, l'étude des liaisons entre la formation et l'emploi est de plus en plus délicate à réaliser. La très forte instabilité des perspectives économiques globales rend les prévisions d'emplois très hasardeuses. L'introduction de scénarios relatifs à la conjoncture mondiale (influence du service de la dette, baisse du prix du pétrole sur le marché mondial, capacité d'investir), à la croissance démographique et aux modifications attendues des structures d'emploi, etc.[13] permet de mieux poser les problèmes d'orientation de la formation mais ne les résoud pas pour autant.

Ces éléments généraux d'indétermination sont renforcés par les comportements des individus et des entreprises à l'égard de la formation et de l'emploi.

1) Les décisions individuelles sont très délicates à contrôler. Dans le domaine de la formation, on observe en Afrique une faveur très marquée pour les études générales permettant, en principe, d'accéder aux plus hauts niveaux de la hiérarchie administrative. De ce fait, l'introduction de la formation technique a

presque toujours été très difficile, les filières techniques (mises à part la comptabilité et la gestion) restant, comme dans beaucoup de pays du monde, il est vrai, des filières d'échec. De plus, la multiplicité des facteurs intervenant dans le choix des emplois (salaires, localisation géographique, avantages en nature liés à la fonction exercée, statut social) rend très aléatoire la correspondance entre la formation et l'emploi.

2) Dans le cas général, les entreprises parapubliques ou privées ont une attitude relativement réservée à l'égard du système de formation. Si le diplôme du candidat compte, il ne constitue en aucune manière une condition suffisante d'engagement. Tests, stages (et recommandations...) sont déterminants pour les postes de quelque importance dans les entreprises.

On accuse fréquemment le système de formation de ne pas tenir compte suffisamment de l'avis des entreprises pour fixer notamment les programmes techniques. En réalité, quelques enquêtes sur les qualifications industrielles effectuées en Côte d'Ivoire dans le textile, la mécanique et le bâtiment-travaux publics révèlent le manque fréquent de structuration des emplois. Dans ces conditions, les diplômes délivrés par les établissements de formation (Certificats d'aptitude professionnelle (CAP), Brevets d'enseignement professionnel (BEP), Brevets de technicien supérieur (BTS), diplômes d'ingénieurs) ne représentent souvent pas grand-chose pour les industriels, d'autant que les qualifications industrielles reposent sur des savoir-faire acquis par répétition d'exercices que les établissements de formation, par manque d'équipements et d'enseignants, sont incapables d'organiser.

Aussi peut-on observer en Afrique une formation dans l'entreprise relativement développée grâce aux avantages fiscaux accordés par l'Etat aux entreprises qui prennent de jeunes stagiaires, les forment puis les embauchent (Algérie, Côte d'Ivoire, Mali, Togo). Dans les grandes entreprises tout particulièrement, il arrive que les stagiaires de niveau CAP recommencent, de manière accélérée, leur cycle de formation. La plupart des filiales étrangères bénéficient de contrats d'assistance technique avec leur maison mère. Les actions de coopération industrielle (mise en place de nouvelles installations, par exemple) ont fréquemment un volet de formation important. Si la formation sur le tas présente des avantages notables, elle a aussi pour caractéristique fréquente d'être étroitement spécialisée et, par-là même, partielle et insuffisante dans de nombreux cas pour permettre ultérieurement l'exercice d'une activité à son propre compte. De manière générale, il semble que la plupart des entreprises s'appuient beaucoup pour gérer leur personnel sur le marché interne, c'est-à-dire pourvoient les postes vacants par promotion interne. Au Bénin, par exemple, une étude a montré que 50 pour cent des emplois d'ouvrier qualifié, 25 pour cent des emplois d'agent de maîtrise et 10 pour cent des emplois de cadre étaient satisfaits par la formation et la promotion internes. L'expérience professionnelle joue donc un rôle important dans les décisions d'engagement. Cela est vrai pour les recrutements externes où l'expérience préalable des jeunes diplômés est une condition de plus en plus souvent requise au moment où s'établit, dans la plupart des pays africains, une situation de déséquilibre global entre l'offre et la demande d'emploi.

En conclusion, à l'issue de ce très bref bilan, il apparaît que le problème des relations entre l'emploi et la formation en Afrique se présente sous deux aspects bien distincts. Tout d'abord, celui de l'adaptation du contenu de la formation (savoir, savoir-faire, savoir-être) aux qualifications requises par le système productif. De ce point de vue, le jugement d'ensemble serait plutôt réservé, quels que soient les modalités de formation et les secteurs d'activité. Les performances semblent médiocres, tant en ce qui concerne l'apprentissage que la formation moderne. Reste que les responsabilités sont très partagées entre la formation et le système productif dont les conditions d'organisation du travail sont souvent précaires.

Deuxième aspect, celui de l'adéquation quantitative entre les sorties du système de formation et les besoins du système productif. De ce point de vue, le système d'apprentissage du secteur non structuré présente l'avantage évident de créer, à dire vrai assez fictivement, ses propres débouchés. Ce n'est pas le cas du système moderne de formation très orienté vers le travail salarié.

Notes

[1] Penouil, M.; Lachaud, J.-P.: *Le secteur informel et le marché du travail en Afrique noire francophone* (Genève, BIT, 1987; recherches pour le Programme mondial de l'emploi, document de travail pour distribution restreinte).

[2] Orivel, I.: «Quelle éducation pour les ruraux des pays en développement? Le cas de l'Afrique», *Education permanente* (Arcueil), n° 77, mars 1985.

[3] Belloncle, G.: *La question éducative en Afrique noire* (Paris, Karthala, 1984).

[4] Feral, G.: *Les programmes spéciaux d'emploi et de formation de la jeunesse: rapport de synthèse* (Addis-Abeba, OIT-PECTA, 1987).

[5] BIT: *Le secteur non structuré et l'emploi urbain. Revue des activités concernant le secteur non structuré urbain* (Genève, 1991), p. 6.

[6] Penouil et Lachaud, *op. cit.*

[7] BIT: *Le dilemne du secteur non structuré,* rapport du Directeur général, Conférence internationale du Travail, 78e session, Genève, 1991, p. 34.

[8] Maldonado, C. et coll.: *Emploi, apprentissage et accumulation de capital dans les micro-entreprises urbaines en Afrique francophone* (Genève, BIT, 1984), document polycopié.

[9] Maldonado, G.; Le Boterf, G.: *L'apprentissage et les apprentis sur les petits métiers urbains. Le cas de l'Afrique francophone* (Genève, BIT, 1985; recherches pour le Programme mondial de l'emploi, document de travail polycopié pour distribution restreinte).

[10] Lubeck H.; Zanour C.: «Le secteur non structuré de Dakar résiste à la crise», *Revue internationale du Travail,* 1990/3, p. 423.

[11] BIT: *Promotion de l'emploi indépendant,* Conférence internationale du Travail, 77e session, 1990, rapport VII, p. 50.

[12] Célestin, J.-B.: «La planification de la main-d'œuvre et l'information sur le marché de l'emploi en Afrique francophone», *Revue internationale du Travail,* juillet-août 1983, pp. 543-559.

[13] Caire, G.; Gern, J.-P.: *Maroc: rapport de mission sur l'étude des liaisons éducation-formation-emploi* (Genève, BIT, 1987).

5

Instruments méthodologiques: théorie et pratique

Ce chapitre est divisé en trois sections. La première expose brièvement les principales méthodes théoriques élaborées et préconisées pour accéder à une adéquation de la formation et de l'emploi. Ces méthodes, d'origines diverses, ont cherché à répondre à des problèmes issus de contextes ou de besoins particuliers. Elles ont toutes trouvé, à des époques différentes, des terrains favorables à leur implantation. Certaines ont connu une faveur exclusive et parfois longue; d'autres ont été, dès l'origine ou progressivement, combinées entre elles ou avec d'autres déjà en usage, ou encore les ont supplantées. La deuxième section traite plus particulièrement de quelques repères méthodologiques qui ont été observés et analysés en vue de répondre à des situations prévalant dans certains contextes ou à des cas de figure particuliers. Enfin, la troisième section présente quelques exemples d'application pratique des méthodes d'adéquation de la formation et de l'emploi relevés au cours de projets de coopération technique et qui illustrent des points soulevés dans les sections précédentes.

Les principales méthodes d'adéquation de la formation et de l'emploi

Il convient de rappeler qu'il ne s'agit pas ici d'un inventaire exhaustif, mais de la présentation d'un éventail de méthodes qui, pour des raisons diverses, ont été appliquées dans le tiers monde. Le cadre géographique sera donc ici nettement plus vaste que lorsque nous aborderons les expériences faites dans certains pays d'Afrique francophone.

Les enquêtes auprès des établisssements

Il ne s'agit pas, à proprement parler, d'une méthode, mais plutôt de demandes adressées aux employeurs, par questionnaire et par sondage, sur leurs besoins de main-d'œuvre et de formation. Ce procédé permet de mieux connaître la structure des emplois, à condition que les prévisions soient recoupées avec des données plus globales; il est d'usage courant dans un grand nombre de pays africains, souvent avec l'assistance du BIT, et vient en complément de l'approche par la main-d'œuvre. Utilisé seul, il est très insuffisant pour les raisons suivantes:

i) dans les pays en développement, la quasi-totalité des entreprises ne connaissent pas leurs besoins à moyen et à long terme. Seules les très grandes entreprises, qui tiennent une comptabilité et qui ont des programmes d'investissement importants, sont capables d'estimer leurs besoins sur une période de plus de six mois;

ii) les employeurs ont parfois tendance à surestimer ou sous-estimer leurs besoins en raison de considérations fiscales ou selon leur interprétation de l'enquête;

iii) il n'est pas tenu compte des entreprises naissantes.

Les modèles

Du point de vue des rapports entre la formation et l'emploi, on distingue généralement deux types de modèles: 1) ceux qui servent à analyser les relations entre les grands agrégats économiques, au nombre desquels le volume de l'emploi par secteur d'activité économique. Ils sont d'usage courant dans les pays industrialisés, mais rarement pour la structure par profession et par qualification dont l'évolution dépend de facteurs difficilement modélisables. En revanche, ils peuvent s'intégrer dans l'approche par la main-d'œuvre; 2) ceux qui font apparaître le rapport global entre le développement économique et le développement éducatif. En plus de leur caractère très agrégé, ils requièrent de fréquentes mises à jour.

L'analyse coût-avantages

L'analyse coût-avantages, évoquée au chapitre 3, est généralement proposée par les économistes anglo-saxons comme un substitut à la planification de la main-d'œuvre de type classique. Elle trouve sa source dans l'analyse économique néo-classique, selon laquelle la régulation se fait naturellement sur le marché du travail par l'intermédiaire du système des salaires et des revenus: l'analyse des coûts et des avantages qui en découlent conduit les individus à choisir leur orientation et leur filière de formation.

Cette approche se heurte à deux séries de limites, au moins dans les pays en développement. La première est d'ordre technique et comprend les problèmes du calcul du coût de l'éducation, de la mesure des gains ainsi que de la mesure des effets à long terme. La deuxième est d'un contenu plus théorique qui fait ressortir clairement le caractère non pertinent de l'approche. En effet, celle-ci repose sur deux hypothèses: d'une part, le niveau des salaires est déterminé par celui de la productivité et de l'efficacité des travailleurs ayant reçu une formation; d'autre part, les différences de salaires sont liées aux différences de productivité, et celles-ci s'expliquent par les seules différences dans les formations.

Les conditions socio-économiques prévalant dans les pays en développement semblent indiquer que de tels calculs présentent peu d'intérêt pour anticiper les liaisons entre la formation et la productivité, le salaire et l'emploi. Tout au plus, permettent-ils d'analyser les comportements individuels quant aux critères de choix des formations en fonction des rémunérations escomptées.

L'approche par la demande sociale

Cette approche consiste à estimer l'évolution du système éducatif pour répondre à la demande de la population. On ne peut pas la considérer comme une méthode de rapprochement avec l'emploi. Mais, au-delà des approches fondées sur les seuls besoins de l'économie, elle apporte une dimension importante qui est la dimension sociale. Elle permet de tenir compte du fait que le système éducatif a une fonction plus large que la satisfaction des besoins économiques et devrait contribuer à promouvoir l'égalité des chances et non pas à renforcer la situation des groupes sociaux les plus favorisés. Ainsi, la demande sociale apparaît, il faut le souligner, comme un mythe idéologique et, dans certains cas, comme une réalité sociopolitique. L'étude de cette réalité et, notamment, des motivations et des aspirations des jeunes, doit constituer une composante de la planification de l'éducation.

L'approche par la main-d'œuvre

Cette approche est celle qui est la plus couramment utilisée. Son principe, bien connu, consiste à:

i) établir, sur une période donnée, les prévisions des besoins en main-d'œuvre qualifiée à partir des projets ou programmes économiques, au niveau global et par secteur d'activité, en tenant compte de l'évolution de la productivité et de l'emploi par profession;

ii) projeter pour la même période les ressources de main-d'œuvre correspondant aux sorties prévisibles du système d'enseignement et à la main-d'œuvre qui restera disponible, en tenant compte des départs à la retraite, des décès et de la mobilité professionnelle;

iii) confronter les besoins et les ressources en établissant un bilan.

Toutefois, l'approche par la main-d'œuvre pose trois types de problèmes.

Premièrement, les prévisions doivent être fondées sur une analyse solide des structures d'emploi et des professions, d'où la question de la fiabilité des données statistiques.

Deuxièmement, l'approche est soumise aux aléas de la conjoncture économique, qui sont particulièrement grands dans la période actuelle de mutations, voire d'incertitude et de crise, que traversent les pays en développement. Par ailleurs, cette approche tend à considérer l'emploi, l'éducation et la formation comme des variables dépendantes des impératifs économiques, alors qu'il s'agit là d'un ensemble de paramètres complexes, et à double sens, avec des interrelations qu'il faut analyser et prévoir. A cet égard, on peut remarquer qu'une simple comparaison des effectifs diplômés avec les emplois à pourvoir risque de schématiser à l'extrême une réalité beaucoup plus complexe. Certains emplois ne sont pas directement et immédiatement accessibles à la sortie de la formation. De plus, il n'y a aucune correspondance automatique entre formations et emplois. Enfin, il n'est pas tenu compte de certains facteurs qui conditionnent le fonctionnement du marché du travail, notamment le rôle des stimulants tels les salaires et les revenus.

Troisièmement, l'application d'une approche classique par la main-d'œuvre suppose un certain nombre de postulats qui ne correspondent pas à la démarche actuelle des pays en développement. En effet, la validité de l'approche dépend d'une série de conditions telles que:

- un horizon à long terme: les décisions en matière de formation, dans ce contexte, ne peuvent avoir d'effet que sur une période de plus de dix ans;
- un niveau d'agrégation élevé, car les possibilités de substitution entre niveaux de formation et spécialités sont importantes;
- une vision globale pour tenir compte des nombreuses interrelations entre secteurs d'activité économique, types de formation et niveaux de qualification.

Quelques repères méthodologiques observés dans la pratique

L'adéquation de la formation et de l'emploi n'est pas une situation statique et permanente. C'est un système dynamique de régulation entre les qualifications d'une population active et les besoins de qualifications d'un système (ou d'une politique) économique à un moment donné et en évolution constante.

A priori, la régulation peut être bidirectionnelle. En d'autres termes, il est théoriquement aussi valable de partir des qualifications existantes et en cours de préparation et de réguler le système et les politiques économiques, que de partir du système et des politiques économiques et d'ajuster l'acquisition et le développement des qualifications. Ces conceptions ont généré deux approches méthodologiques différentes. A long terme, les systèmes sociaux s'autorégulent dans les deux sens, non sans passer de temps à autre par des déséquilibres importants réclamant des interventions autoritaires.

Théoriquement, l'adéquation de la formation et de l'emploi est généralement posée dans des termes tels que l'on devrait assurer, à tout instant, la meilleure couverture possible des besoins de l'économie en cadres ayant différentes qualifications. La problématique dans la perception de ces besoins, qui a suscité maintes études, est cependant autre, à savoir une sortie (trop) importante de diplômés des universités et instituts techniques qui ne trouvent pas d'emplois correspondant à leurs niveaux et à leurs aspirations.

Il convient de distinguer plusieurs niveaux d'adéquation correspondant à des opérateurs, des domaines d'intervention et des horizons chronologiques différents pouvant opérer de façon non synchronisée, voire même totalement anarchique, ce qui explique les phénomènes de déséquilibre qu'on observe assez régulièrement entre les qualifications existantes et leur évolution, d'un côté, et les besoins de qualifications de systèmes économiques en évolution, d'un autre côté.

Les liaisons entre la formation et l'emploi n'ont dès lors pas la rigidité qui est parfois postulée dans les propositions méthodologiques, parce que les logiques et les réalités de l'appareil de formation et du système productif sont différentes, parce que le déterminisme technologique est très largement remis en question par la réflexion universitaire, et que les pratiques de gestion des entreprises (ainsi qu'on peut le voir dans la conjoncture actuelle) introduisent des éléments d'ajustement essentiels dans l'usage qui est fait des disponibilités de main-d'œuvre.

Trois grandes catégories d'opérateurs interviennent dans l'élaboration et l'application des méthodes: les planificateurs centraux, les entreprises et les services publics de l'emploi.

Les planificateurs

La plupart des planificateurs recourent, au niveau macro-économique, au bilan de main-d'œuvre, qui s'apparente à l'approche par la main-d'œuvre et dont la réalisation dans sa forme la plus simple s'obtient de la manière suivante:

a) Prévisions à moyen et à long terme de l'évolution du produit national, sa répartition sectorielle et l'évolution de la productivité. Les prévisions peuvent être des estimations fondées sur des tendances passées ou constituer des objectifs déterminés en fonction desquels seront fixés les investissements; elles sont soumises à beaucoup d'aléas et il convient de les mettre périodiquement à jour.

Dans certains cas, les planificateurs se limiteront à un découpage en grands secteurs d'activité: agriculture, industrie, bâtiment et travaux publics, services, administrations publiques. Un découpage plus fin demanderait un tableau d'entrées-sorties (TES) permettant de discerner très clairement les entrées en provenance de la production nationale et celles qui proviennent de l'importation.

b) Traduction de ces prévisions économiques en besoins de main-d'œuvre. Tant que le tissu du secteur moderne n'est pas très dense, un découpage par grand secteur et par niveau de qualification pourrait suffire. Dans la mesure où le tissu se densifie et se diversifie, un découpage plus fin des branches d'activité et une connaissance et une analyse solides des structures d'emploi et des professions deviennent nécessaires et ce, par branche, par région et par taille des entreprises et établissements.

Le deuxième plan quinquennal algérien a dû se limiter à quelques secteurs et niveaux de formation. Un rapport général sur les dispositifs doit permettre une connaissance plus précise des structures professionnelles des entreprises. Leur mise en place a cependant connu des difficultés.

c) Projections de la population par sexe et tranches d'âge et estimations des taux d'activité en tenant compte de l'évolution de facteurs tels que le taux de scolarisation, la variation du degré de participation économique féminine, l'amélioration des régimes d'assurance retraite, etc. Dans certains cas, l'émigration et l'immigration peuvent jouer un rôle important.

d) Projection, pour les mêmes périodes, des ressources de main-d'œuvre qualifiée correspondant, d'une part, aux sorties prévisibles du système éducatif et, d'autre part, à la main-d'œuvre qui restera disponible en tenant compte des retraites, des décès, etc. Une étude réalisée en 1983 par le ministère du Plan du bénin (étude des effectifs de diplômés au niveau de l'enseignement supérieur et des enseignements moyens technique et professionnel) a permis une évaluation des sorties du système de formation pendant la période 1983-1990 à l'aide des modèles économiques ou des cohortes.

e) Confrontation des besoins et des ressources sous forme de bilans.

De tels bilans s'avèrent utiles pour s'assurer que les structures de l'enseignement, aux différents niveaux, s'alignent en termes globaux sur les besoins prévisibles (avec les réserves d'usage) de l'appareil productif dans le sens large du terme. Comme il s'agit de systèmes plutôt lourds, avec des temps de réforme et de répétition relativement longs, il convient de fixer les horizons des projections sur des périodes assez éloignées, de découper ces périodes en phases opérationnelles dans lesquelles des objectifs partiels d'adéquation de la formation et de l'emploi peuvent être réalisés et de ne pas entamer la deuxième phase en pensant à ce qui reste à réaliser et en omettant de répéter l'opération prévisionnelle à long terme sur les nouvelles données acquises.

Les entreprises

De l'autre côté du tableau se trouvent des opérateurs actifs du processus d'adéquation de la formation et de l'emploi, qui sont les entreprises d'une certaine taille.

Dans le contexte africain, on trouve l'utilisation de cette méthode dans:

- les filiales importantes d'entreprises multinationales (par exemple au Rwanda);
- les grandes entreprises publiques à gestion socialiste (comme en Algérie).

La gestion prévisionnelle du personnel d'une entreprise se propose de planifier l'emploi et la formation, afin de parvenir dans un délai opportun à une adéquation des disponibilités en ressources humaines et des besoins exprimés par chacune des unités de production en fonction de son programme de production.

L'approche de la gestion prévisionnelle du personnel est donc fondamentalement l'approche par la main-d'œuvre.

La description sommaire ci-après part de plusieurs hypothèses de situations conditionnant la variable choisie. Tout d'abord et par hypothèse, la méthode doit être appliquée à une entreprise ayant plusieurs unités. On suppose, ensuite, que la détermination des objectifs de production part de chaque unité de production, ce qui n'est pas toujours le cas, et enfin, que l'entreprise opère dans un espace économique où la plupart des variables externes sont assez bien maîtrisées, à l'exception – et toujours par hypothèse – du marché du travail où le facteur de production (le personnel qualifié) est difficile à trouver, ce qui implique, entre autres, l'intégration de la fonction formation au sein de l'entreprise.

a) En fonction des programmes de production des unités, les besoins de moyens humains sont exprimés en termes de familles d'emploi.

Tant pour la prévision à long terme que pour la gestion prévisionnelle du personnel d'une entreprise, le nœud du problème réside dans l'expression des objectifs de production en besoins premièrement quantitatifs et deuxièmement qualitatifs de main-d'œuvre. Autant la première sera fonction des grands choix politiques concernant les secteurs et les techniques à favoriser, autant la seconde sera conditionnée par la capacité de gestion des chefs d'entreprise et des unités de production, sans être pour autant indépendante des grands choix économiques pris au niveau politique.

La qualité de la prévision d'emploi d'une entreprise est ainsi sujette à la fois aux aléas économiques qu'elle ne domine pas toujours et à la qualité de sa gestion économique propre. Les besoins de personnel sont exprimés non pas en postes de travail mais en familles d'emploi. La distinction entre les deux expressions répond au concept suivant: une famille d'emploi contient plusieurs types d'emplois pouvant être exercés sur la base d'une même formation, aussi bien que des emplois accessibles à partir de formations différentes. Ce concept nous amène bien loin de l'idée que chaque poste de travail requiert une formation spécifique.

Chaque entreprise qui applique ce type de gestion prévisionnelle détermine, en fonction de sa spécialité, sa propre nomenclature regroupant les postes de travail en famille de métiers, de telle façon que ses centres de formation puissent l'utiliser comme profil de sortie.

Quelle que soit l'approche choisie, toute prévision d'emploi devant être exprimée en structure d'emploi a besoin au préalable d'une nomenclature de professions pouvant être regroupée de telle sorte qu'on puisse, moyennant un dictionnaire ou passerelle adéquat, les traduire en profils de sortie de systèmes d'éducation ou de formation. L'élaboration fonctionnelle de nomenclatures devient ainsi un instrument essentiel de l'articulation entre la formation et l'emploi, comme nous l'exposerons ci-après.

b) L'expression des besoins de personnel par les chefs de service est ensuite contrôlée par la direction générale de l'entreprise. Ce contrôle comporte au moins deux aspects: le premier consiste à vérifier si le programme de production est correctement traduit en besoins de main-d'œuvre; le second concerne l'harmonisation des programmes de production des différentes unités.

c) Les ressources de main-d'œuvre nécessaires pour répondre à ces besoins sont ensuite calculées par l'étude des mouvements prévisibles pour chacune des familles d'emploi, compte tenu des facteurs suivants:

Entrées:

- disponibilité du marché du travail;
- retours de formation prévus;
- promotions – mutations;
- mutations interunités;
- retours d'absences de longue durée.

Départs:

- rotation moyenne prévue;
- prélèvement pour formation;

- sorties par mutation interunités;
- départs à la retraite, absences de longue durée, etc.

La rotation (définie ici comme le coefficient entre les démissions et l'effectif total de travailleurs) est difficilement prévisible au niveau du poste de travail individuel. On peut par contre prévoir une rotation moyenne (exprimée en termes de départs) en s'appuyant sur des données et des tendances antérieures et, par là, formuler le besoin d'un certain nombre d'emplois exprimés par familles et par niveaux.

d) Les ressources prévisibles sont ensuite confrontées aux besoins contrôlés par le truchement d'un bilan de main-d'œuvre.

e) Le programme d'action contiendra deux éléments:

i) recrutement;

ii) adéquation de la formation et de l'emploi, qui sera programmée selon le cheminement suivant:

- importance relative de la famille d'emplois dans l'effectif global;
- écart important et répétitif;
- importance relative pour les programmes de production.

Ces critères s'appliquent d'abord dans le cadre d'une entreprise déjà en activité, astreinte à rationaliser continuellement sa production pour abaisser ses coûts et faire des bénéfices. Il n'y a pas de raison, cependant, de se limiter à ce cas de figure et de ne pas l'élargir à un contexte de futurs programmes économiques ou de programmes de création d'emplois.

Les services publics de l'emploi

Un troisième opérateur de l'adéquation de la formation et de l'emploi est le service public de l'emploi dont la fonction essentielle est d'assurer la gestion des marchés du travail. Les stratégies de formation et d'emploi englobent des prestations en matière de formation initiale, corrective ou complémentaire et de recyclage. Les services publics de l'emploi doivent disposer de données afférentes à chacune d'elles. Il est important que ces données soient principalement produites et exploitées par ces services eux-mêmes, mais en liaison étroite avec les entreprises.

Les pays d'Afrique ayant de tels services sont peu nombreux. Cela présuppose un marché où le travail salarié hors administration publique est largement prédominant. Même en Algérie, où le cas de figure existe et où l'on compte 130 bureaux de main-d'œuvre opérationnels décentralisés et plus de 400 centres de formation professionnelle, on constate que la formation initiale est insuffisamment orientée sur le marché du travail. Par ailleurs, le pays ne possède pas encore de dispositifs systématiques de formation corrective ou complémentaire et de recyclage.

Il convient de souligner que les mécanismes à mettre en place à cet égard sont d'une grande complexité et impliquent des réponses spécialisées tenant compte de l'adaptation constante des programmes de formation à la dynamique technologique, de la fragmentation du marché du travail et de la situation particulière de certains groupes de la population, ainsi que de la nécessité de responsabiliser les collectivités locales dans la recherche des solutions au problème du chômage. Ici, les services de l'emploi ont un rôle moteur à jouer en tant qu'observateurs privilégiés des mouvements d'excédents et de pénuries de travailleurs qualifiés[1].

Au fur et à mesure que se dégagent des objectifs de formation et de traitement social du chômage, la décentralisation des marchés du travail s'impose si l'on veut toucher toutes les catégories de population et aller au-delà du traitement traditionnel du chômage. Cette perspective est renforcée par la nécessité de mieux faire connaître aux entreprises les dispositifs des politiques actives de l'emploi afin qu'elles puissent les utiliser efficacement[2]. L'adoption de formules combinant dans l'entreprise la présence de jeunes travailleurs avec des programmes de formation ou de recyclage apparaît comme une approche concrète de la nouvelle dynamique des marchés du travail.

L'expérience de certains pays a montré qu'un aspect important de cette nouvelle dynamique consiste à s'appuyer sur une connaissance aussi précise que possible des situations locales de l'emploi et des programmes conjoncturels de soutien à l'emploi dont l'élaboration et la mise en œuvre exigent le recours à des organismes capables de fournir des informations fiables à la fois sur les débouchés offerts par les entreprises et sur les aspirations des populations concernées. Dans cette démarche, une place spéciale doit être réservée à l'information de nature qualitative. Certes, la recherche de données quantitatives est à poursuivre et même à intensifier dans tous les pays africains, mais il faut les compléter par des données qualitatives permettant d'imprimer un contenu concret aux informations statistiques conventionnelles, d'affiner les prévisions, d'analyser le passage de la formation à l'emploi et de définir plus clairement les spécialités et les filières de formation.

Les problèmes et besoins nouveaux qui sont apparus ces dernières années sur les marchés du travail à la suite de la mise en œuvre des programmes d'ajustement structurel ont mis en évidence la nécessité de recourir aux données qualitatives et ont conduit beaucoup de pays en développement à chercher, en conséquence, des sources d'informations complémentaires à la mesure de leurs moyens. Parmi ces sources, mentionnons en particulier, d'une part, les études de suivi qui permettent d'évaluer l'efficacité des programmes de formation et de mieux les adapter aux besoins changeants des marchés du travail et, d'autre part, la méthode des informateurs clés qui permet, nous l'avons vu au chapitre 3, de capter les signaux émis par les marchés et de recueillir des renseignements qualitatifs sur les tendances et les changements.

Quelques exemples d'application pratique des méthodes

Le cas du Burundi

Le premier exemple sera emprunté au Burundi où les prévisions d'emploi et de main-d'œuvre ont récemment été établies pour l'ensemble des secteurs de l'activité économique et au niveau régional. Pour des raisons pratiques, les méthodes utilisées ont été différentes selon qu'il s'agissait du secteur structuré privé et public ou du secteur non structuré agricole et non agricole (urbain et rural).

Pour le secteur structuré privé, l'évolution prévisible de la main-d'œuvre a été déterminée à partir de la situation de celle-ci (déclaration annuelle de la main-d'œuvre), soit par application des taux de croissance des effectifs (déduits des taux de croissance prévus de la valeur ajoutée, par branche d'activité, et des taux de productivité apparente correspondants), soit par application des taux de croissance des effectifs selon les tendances observées. Pour le secteur structuré public, l'évolution de la main-d'œuvre a été fixée en fonction du taux de croissance retenu pour la part du budget consacrée aux dépenses de personnel de l'administration.

Pour le secteur non structuré agricole, l'évolution de l'emploi a été estimée à partir de celle de la production. Cette dernière étant fondée soit sur l'évolution des rendements et de la surface agricole utilisée observée, soit sur les taux de croissance retenus par le ministère de l'Agriculture. L'emploi ainsi mesuré en force de travail a été transformé en main-d'œuvre. Pour le secteur informel non agricole, l'évolution de l'emploi et celle de la main-d'œuvre ont été estimées, en milieu urbain à partir de l'évolution de la consommation courante, en milieu rural en fonction de l'accroissement de la population et, dans certains cas, de l'estimation de l'évolution de la consommation; le temps consacré aux activités a été pris en considération.

Ces prévisions quantitatives ont été distribuées en fonction de la structure de l'emploi observé, et ventilées en fonction des métiers afin de déterminer, pour l'ensemble des activités, les besoins classés par métiers.

Ces prévisions par métiers ont été établies pour une période allant jusqu'à l'an 2000 en ce qui concerne les besoins d'encadrement, c'est-à-dire ceux qui doivent faire l'objet d'une formation, quel qu'en soit le type.

Il a été admis que, malgré les approches et les méthodes différentes utilisées selon les secteurs concernés, les prévisions étaient celles qui permettent de déterminer, de la manière la plus précise possible, les besoins globaux de mise en valeur des ressources humaines.

Toujours au niveau global et d'une manière générale, les estimations d'emploi et de main-d'œuvre ont été faites selon trois hypothèses: évolution selon les tendances observées, évolution en fonction des taux de croissance retenus par le ministère du Plan, enfin, (hypothèse moyenne) évolution en appliquant aux taux de croissance prévus par ce ministère les taux de réalisation des plans quinquennaux précédents. On dispose ainsi d'une fourchette de prévisions quant à l'évolution des besoins de main-d'œuvre classés par niveaux et métiers.

La satisfaction des besoins correspondant aux postes de travail nouveaux et au remplacement de la main-d'œuvre (mortalité et sorties de la vie active) peut être avancée de différentes manières:

- prélèvement sur les agents en activité ayant reçu une formation interne (apprentissage et formation sur le tas en général, formation en cours d'emploi et promotion en général). Ce prélèvement implique une satisfaction des besoins venant de l'extérieur à un niveau sous-jacent;

- embauche, après une formation préalable hors entreprise (dans le pays et éventuellement à l'étranger), aux différents niveaux correspondant directement aux besoins nouveaux et de renouvellement.

L'ordre de satisfaction des besoins va dépendre de la situation qui prévaut et du choix de l'employeur avec, d'une part, un recours au prélèvement interne et un recrutement à un niveau sous-jacent et, d'autre part, une embauche au niveau correspondant directement à celui des besoins.

Dès lors que peuvent être définies, en application d'une stratégie des entreprises (dans le sens large et couvrant l'ensemble des activités), la part de la satisfaction des besoins assurée grâce au recours à l'apprentissage, à la formation sur le tas, à la promotion avec ou sans formation spécifique en cours d'emploi et celle qui l'est par l'embauche à l'extérieur, il est possible de déterminer les programmes de formation permettant de satisfaire ces besoins.

Les filières de formation pour la préparation aux métiers étant fixées en fonction de ceux-ci, il est possible, compte tenu des pertes de charge et des déperditions prévues en cours de formation, de déterminer les besoins de ressources humaines correspondant à chacun des métiers. On peut ainsi, pour chaque année, déterminer les recrutements pour les différents niveaux de formation et, à partir de là, déterminer, pour les niveaux caractéristiques de recrutement, les clés de répartition permettant d'assurer à terme la satisfaction des besoins par métiers, année par année. Le nombre de sortants du système d'éducation primaire nécessaire pour satisfaire les besoins d'encadrement peut alors être fixé.

L'optimalisation de l'appareil de formation est obtenue dès lors que les déperditions en cours de formation peuvent être absorbées pour la satisfaction des besoins des niveaux sous-jacents et dès lors que les pertes de charge dues au redoublement sont adaptées au meilleur rendement du système.

Les prévisions des besoins de main-d'œuvre et les programmes de mise en valeur des ressources humaines correspondants devraient permettre de régler les rapports entre l'emploi et la formation. Il faut pour cela améliorer les informations sur la situation, définir clairement l'objectif pouvant être atteint et avoir la volonté de l'atteindre s'il s'agit d'une priorité.

Les approches utilisées en Algérie

L'Algérie a utilisé l'approche par la main-d'œuvre dans son deuxième plan quinquennal pour 1985-1989. Au cours de la période 1973-1985, les investissements ont été suffisamment importants pour faire entrer dans le secteur salarié la plus grande partie des nouveaux actifs qui arrivent chaque année sur le marché du travail. L'Algérie a même pu résorber une bonne partie des actifs non occupés dans la période antérieure à 1973.

En 1985, 78 pour cent de toutes les personnes en emploi relevaient du secteur salarié, dont 74 pour cent du secteur public (y compris l'administration).

En réponse à la constatation faite à la fin du premier plan quinquennal d'un niveau insuffisant de qualifications de la main-d'œuvre occupée, le nombre de places disponibles pour la formation professionnelle a augmenté de 40.000 à 200.000 entre 1980 et 1984.

A partir de la fin de 1984, les évaluations annuelles de réalisation du plan ont fait ressortir que le rythme de création de nouveaux emplois était trop lent pour résorber la totalité des nouveaux demandeurs. Vu la demande sociale d'emplois, l'approche par la main-d'œuvre comme seule stratégie macro-économique d'adéquation de la formation et de l'emploi était devenue insuffisante.

En Algérie, on se sert de l'enquête sur la main-d'œuvre et la population réalisée chaque année auprès d'environ 10.000 ménages.

Les approches adoptées dans d'autres pays africains

Dans son troisième plan quinquennal 1982-1986, le Rwanda a utilisé une formule mixte: *a)* l'approche par la main-d'œuvre a été appliquée aux professions obéissant à une politique volontariste (professions médicales et paramédicales, enseignement, encadrement rural); *b)* l'approche par la demande sociale d'emploi a été appliquée au reste du marché du travail. Cette dernière approche a également été proposée pour la Mauritanie[3].

Il ressort de ce qui précède qu'il n'existe aucune méthode sûre et pleinement satisfaisante de prévision des besoins d'emploi et de formation. On rencontre assez fréquemment aujourd'hui diverses formules qui combinent diverses méthodes et techniques dans des processus de planification à des niveaux généraux ou sectoriels. Quoi qu'il en soit, il convient de tenir compte des conditions particulières à chaque pays: état de l'information statistique, orientation des programmes et choix des techniques de développement.

Notes

[1] Ricca, S.: *Les services de l'emploi. Leur nature, leur mandat, leurs fonctions* (Genève, BIT, 1982).

[2] Greffe, X.: *Décentraliser pour l'emploi: les initiatives locales de développement* (Paris, Economica, 1989).

[3] Baccar, T.: *Propositions pour une meilleure adéquation formation-emploi en Mauritanie* (1986).

6

Les perspectives d'amélioration des méthodes

La mise en œuvre des méthodes d'analyse de la relation entre la formation et l'emploi se heurte à de nombreuses difficultés, parmi lesquelles la prise en compte de la mobilité professionnelle et des nomenclatures occupe une place de choix. Nous présenterons successivement ces deux domaines où les efforts de recherche en cours laissent présager des améliorations.

La relation entre la formation et l'emploi et la mobilité professionnelle

On ne peut s'interroger sur la relation entre la formation et l'emploi sans poser la question de la mobilité des travailleurs.

La mobilité est considérée tantôt comme un problème lorsqu'elle résulte de l'exode rural qui entraîne l'arrivée de travailleurs sur un marché du travail déjà saturé, et tantôt comme un atout lorsqu'elle sert de moyen d'action pour donner ou redonner une certaine souplesse à la gestion de la main-d'œuvre et d'instrument d'orientation et de mobilisation des travailleurs. C'est cette deuxième définition que nous retiendrons dans l'analyse qui suit.

De nos jours, la plupart des pays en développement entrent dans l'ère de la mobilité professionnelle rationalisée. Dans la conjoncture économique internationale actuelle, l'entreprise, qu'elle soit publique ou privée, doit être efficace et rentable. Dans ce contexte, la mobilité est conditionnée non seulement par les considérations économiques, mais aussi par le degré d'organisation de l'entreprise et par le comportement des travailleurs eux-mêmes. En effet, la conjoncture internationale exerce des effets pervers sur le marché du travail et sur la mobilité des travailleurs. Dans de nombreux pays africains, les entreprises ne peuvent pas utiliser la totalité de leur capacité de production faute d'approvisionnement en matières premières (pièces de rechange et autres), conséquence des mesures de restriction des importations par manque de devises. Cette situation entraîne la fermeture d'unités de production, la compression du personnel et, partant, la mobilité forcée vers le chômage.

Dès lors qu'on s'oriente, comme c'est le cas presque partout, vers une réduction des postes de travail dans les administrations publiques et les entreprises, la mobilité promotionnelle et la mobilité interbranches ou intersectorielle deviennent des objectifs difficiles, voire impossibles, à réaliser. Dans ce contexte, l'articulation entre la formation et l'emploi revêt une importance capitale.

La notion de qualification sera le point de départ de l'analyse. Dans une problématique de l'adéquation de la formation et de l'emploi, cette notion a un rôle central: elle est en effet à la charnière entre l'appareil de production et l'appareil de formation. De manière conventionnelle ou implicite, la qualification est définie comme un ensemble de connaissances (authentifiées par un diplôme ou un programme de formation) exigées pour accomplir une tâche et maîtriser un poste de travail donné. C'est le critère, ou plutôt l'un des critères retenus par le Statut général du travailleur dans un certain nombre de pays, par exemple l'Algérie, et par la Classification internationale type des professions (CITP). De cette façon, on entend rationaliser l'organisation et avoir l'homme ou la femme qu'il faut à la place qu'il faut. Cela implique que l'on prenne en considération les facteurs suivants:

a) *une bonne définition du contenu de la qualification.* Celle-ci n'est pas une simple accumulation de connaissances théoriques dispensées par le système éducatif. Elle repose bien plutôt sur un ensemble de savoirs acquis à l'école et de savoir-faire acquis par l'expérience dans le travail. Ainsi, le niveau de qualification est fonction de la complexité et de l'ampleur des tâches. Or, souvent, savoir et savoir-faire sont mal articulés, et il en est ainsi parce qu'un certain nombre de modalités de mobilisation de la force de travail freinent l'accumulation de savoir-faire par ceux qui sortent du système éducatif, d'où un manque d'organisation et une absence de motivation des travailleurs. Dans certains pays, la situation est marquée par un phénomène presque inverse: la stabilité forcée est la nouvelle situation créée par l'uniformisation des situations professionnelles, qui ne peuvent évoluer que selon des critères comme le diplôme, le niveau de formation et une certaine conception de la qualification. Dès lors, la mobilité se trouve freinée tout d'abord parce qu'en changeant d'unité de production, de branche ou de secteur le travailleur garde le même statut type; ensuite, parce que peu de postes se créent et qu'il y a donc peu d'occasions de mouvement des travailleurs; enfin, parce que la mobilité promotionnelle par une amélioration du savoir-faire (ou même du savoir) acquis par une plus grande ingéniosité dans le travail (le saut qualitatif dans la professionnalisation) n'est pas reconnue par le Statut général du travailleur. Cette non-reconnaissance d'un élément essentiel de la productivité est à la fois facteur de démotivation et d'immobilité. A l'inverse, l'amélioration de la qualification va de pair avec la mobilité promotionnelle;

b) *l'organisation au sein de l'entreprise.* L'accumulation de savoir et de savoir-faire techniques ou professionnels est insuffisante pour assurer la maîtrise du système productif. Dans bien des cas, la capacité de coordonner et d'organiser les rapports entre les différents sous-ensembles constitutifs des entreprises et entre les entreprises et leur environnement externe fait défaut, ce qui renvoie à deux points concernant la relation entre la formation et l'emploi: d'une part, la préparation à une opérationnalité immédiate ne peut suffire; d'autre part, le besoin de formation ne peut être satisfait si l'on n'améliore pas l'organisation du travail dans l'entreprise. Par exemple, si les fonctions de maintenance ou d'entretien ne sont pas parfaitement organisées, la minutie et l'apprentissage de l'ensemble des tâches se trouvent remis en cause;

c) *le caractère collectif de la qualification.* Celle-ci a une double dimension: une dimension individuelle et une dimension collective, qui sont complémentaires.

Cette dernière peut être définie comme la capacité d'une équipe de travail de maîtriser les conditions de la production. Cela suppose la diffusion et l'acquisition d'un certain nombre de savoir-faire organisationnels pour rendre solidaires et interdépendants des savoir-faire techniques ou professionnels de type individuel, ce qui implique une certaine stabilité des équipes de travailleurs motivés pour la productivité par une reconnaissance promotionnelle (forme de mobilité interne à l'entreprise);

d) *les exigences du poste de travail.* Parfois, l'inadéquation de la formation et de l'emploi tient au fait que, d'une part, la promotion est davantage fonction du titulaire du poste (ancienneté) que du poste lui-même et que, d'autre part, on adapte les caractéristiques du titulaire aux exigences du poste définies dans les grilles de classification et de rémunération. De la sorte, les contenus des qualifications ne peuvent être cernés que de façon très approximative, et certains titulaires de poste sont surclassés. La mobilité interne des vrais qualifiés risque d'en être réduite et la logique de la formation théorique initiale d'être favorisée au détriment des qualifications acquises à la fois par la formation et par l'expérience. Par ailleurs, certaines pratiques contribuent à démobiliser les travailleurs les plus productifs et les plus expérimentés et à freiner la productivité. En effet, les mouvements de personnes qualifiées disposées à se déplacer pour occuper des postes ailleurs que dans leur région se heurtent souvent à des obstacles. Dans certains pays, la population locale a quelquefois tendance à considérer l'entreprise (ou l'unité de production) comme ayant une fonction sociale plus qu'une fonction économique, donc productrice: les emplois seront réservés en priorité aux travailleurs de la région, même s'ils sont moins qualifiés. Il importe de garder constamment présent à l'esprit que de telles pratiques remettent en cause les politiques d'emploi et de formation.

L'analyse qui précède nous amène à observer que l'articulation de la formation et de l'emploi impose:

1) un réexamen des modes d'acquisition des qualifications (actuellement, il y a juxtaposition de deux logiques: la logique de la formation initiale extérieure à l'entreprise et celle de la formation interne à l'entreprise). Il faudrait les rendre complémentaires;
2) une redéfinition de la qualification qui prenne en compte l'expérience acquise dans le travail et la mobilité promotionnelle qui peut en découler;
3) une étude approfondie des correspondances ou des discordances entre les qualifications nécessaires pour occuper certains postes et les qualifications effectives des titulaires de poste;
4) une recherche sur les besoins de qualification qui pourraient être satisfaits par la valorisation de certains savoir et savoir-faire;
5) une recherche sur les spécialités qui peuvent se développer et celles qui sont en voie de disparition;
6) la planification de l'emploi et de la formation à l'échelle régionale et locale, et une meilleure distribution des centres de formation, afin de prendre en compte les besoins de la région. Cela pourrait faciliter la création d'emplois et les mouvements de main-d'œuvre;

7) la concertation entre les employeurs et les formateurs, et une plus grande souplesse dans la gestion de la main-d'œuvre afin de ne pas entraver la productivité, mais surtout afin de tenir compte des changements structurels dans l'appareil de production et des mutations sociales qui en découlent pour l'emploi et la formation;
8) une étude sur les contraintes et les logiques des politiques de formation au sein des entreprises.

Ces recherches devraient faire progresser la connaissance, sur le thème de l'articulation de la formation et de l'emploi, dans la perspective d'une planification intelligente de la main-d'œuvre.

La question de la mobilité professionnelle est étroitement liée à celle des nomenclatures, que nous allons examiner ci-après.

Les problèmes de nomenclatures

Parmi les instruments à prendre en compte dans la recherche de l'articulation de la formation et de l'emploi, les nomenclatures, langage d'analyse et de communication entre les opérateurs sur le marché du travail, occupent une place centrale. Dans les pays en développement, en particulier, les nomenclatures d'emploi et de formation sont des instruments qui permettent de traduire aussi fidèlement que possible les réalités de l'emploi et de la formation, de regrouper de façon significative et de classer les situations d'emploi et de formation. Ces classifications permettent, d'une part, la production et le suivi de statistiques d'emploi et, d'autre part, la gestion de la main-d'œuvre en termes d'orientation, de placement, de classement catégoriel et de rémunération. Ce sont également des instruments de transmission, d'informations compréhensibles aux personnes intéressées, d'échange et de comparaison des données provenant de sources diverses aux niveaux national, régional et international. Ainsi, les nomenclatures d'emploi et de formation «doivent être non seulement adaptées chacune à leur objet, mais encore compatibles entre elles, de manière à permettre un rapprochement aisé entre les données sur la formation, d'une part, et sur l'emploi, d'autre part»[1].

Presque tous les pays africains s'efforcent d'élaborer des nomenclatures, et un énorme travail a été accompli dans la plupart d'entre eux. Il faut admettre, cependant, qu'il s'agit d'une tâche très complexe puisque l'objectif est de cerner des variables aux dimensions multiples, d'où les tâtonnements, les insuffisances, voire les lacunes, constatés ici et là.

Cela explique qu'il existe une grande diversité de nomenclatures, les unes clairement axées sur l'une des dimensions (de l'emploi), d'autres moins précises ou cherchant volontairement à être plus synthétiques. Il en découle que les données statistiques sur l'emploi sont souvent incomparables d'un pays à l'autre[2].

Le diagnostic des nomenclatures

La Classification internationale type des professions (CITP)

La première CITP a été élaborée et publiée par le BIT en 1958. Elle avait pour but «d'établir une structure pour la classification de tous les emplois de la main-d'œuvre» et comportait des descriptions des catégories professionnelles. Une édition révisée de la CITP a été publiée en 1968 avec un plus grand nombre de descriptions de professions. La 13e Conférence internationale des statisticiens du travail, tenue en 1982, a recommandé

> que soit élaboré un système international de classification qui, tout en se prêtant à l'inclusion d'une grande variété de facteurs, n'entrerait dans le détail des professions qu'au niveau approprié aux comparaisons statistiques internationales; ... et que des directives soient préparées aux fins de la présentation d'éléments plus détaillés des classifications professionnelles nationales, en sorte que ces classifications puissent autant que possible s'adapter au cadre international convenu[3].

Le BIT a publié en 1991 la CITP-88, qui est le produit de la révision de la CITP-68, conduite conformément aux recommandations de la 13e et de la 14e Conférence internationale des statistiques du travail (Genève, 1982 et 1987).

La CITP de 1958 a servi de modèle à divers pays et a très largement contribué à faciliter les comparaisons internationales. Certains pays ont fondé leur système national de classification des professions sur la CITP, tandis que d'autres l'utilisent directement. Par ailleurs, depuis la révision de 1968, l'OIT a mis au point des matériels didactiques sur la confection de classifications professionnelles nationales et a aidé plusieurs pays à mettre au point leur propre classification. Malgré cela, la CITP a fait l'objet de nombreuses critiques. On a estimé, par exemple, qu'elle n'était pas adaptée aux besoins des pays en développement, où une grande partie des emplois appartiennent au secteur non structuré, et qu'elle fait une trop grande place à la notion de métier et néglige les niveaux de qualification, ce qui ne facilite pas le rapprochement avec la formation exigée pour occuper un emploi. On lui a reproché aussi d'intéresser davantage les statisticiens que les planificateurs, qui sont préoccupés précisément par le rapprochement entre la formation et l'emploi. Nous verrons plus loin les améliorations apportées par la CITP-88.

La nomenclature des emplois, qualifications, formation de l'IEDES

Pour pallier les difficultés du rapprochement entre la formation et l'emploi, cette nomenclature a été élaborée en 1970 par l'Institut d'étude du développement économique et social de Paris (IEDES) pour les besoins des pays africains d'expression française et de Madagascar. Son application s'est heurtée à quelques problèmes. Dans la pratique, il s'avère difficile, pour certaines catégories d'emplois, d'établir une équivalence en termes de formation. Cela est particulièrement vrai pour des emplois tels ceux d'ingénieur ou d'électricien, qui peuvent être d'une complexité variable. Une telle équivalence implique l'analyse de l'activité exercée, de l'offre et de la demande sur le marché de l'emploi, des exigences de l'employeur et des possibilités de substitution. Néanmoins, certains pays reconnaissent que cette nomenclature a fait un pas positif vers l'établissesment d'une corrélation entre un métier, le type et le niveau de formation qui y conduisent.

Les nomenclatures nationales

De nombreuses études sur l'Afrique francophone, en particulier celle que le Centre interafricain pour le développement de la formation professionnelle (CIAD-FOR) a effectuée en 1979, ont conclu à l'inadaptation des nomenclatures utilisées, à leurs diversités et à l'impossibilité de procéder à des échanges de données au niveau régional. D'une manière générale, ces nomenclatures sont inspirées soit de la CITP, soit des classifications professionnelles françaises qui concernent uniquement l'emploi salarié et qui sont significatives du point de vue de la rémunération, soit du modèle de l'IEDES. Cela explique leur inadaptation aux réalités locales où prédominent les activités agricoles et le secteur non structuré.

Le diagnostic des nomenclatures nationales met en évidence les problèmes suivants:

a) ces nomenclatures sont le plus souvent incomplètes et manquent de cohérence interne. La recherche d'un équilibre satisfaisant entre les programmes d'emploi et de formation implique un effort d'uniformisation des concepts et des indicateurs utilisés en matière de classification des professions, qui doit être adaptée aux réalités et à l'évolution de l'économie. Généralement, les nomenclatures nationales paraissent inopérantes parce que les unes et les autres sont incomplètes et sont établies sur des indicateurs différents et des agrégats globaux. Or il faut disposer de nomenclatures utilisant un langage codifié ayant la même signification pour tous les opérateurs et permettant, d'une part, de transmettre aux partenaires concernés des informations compréhensibles et, d'autre part, d'échanger, de comparer et d'enrichir les données provenant de sources diverses;

b) la mise en place de nomenclatures représentatives passe par la refonte des conventions collectives à caractère sectoriel pour en extirper des éléments communs qui puissent faire en sorte que l'ensemble des partenaires sociaux parlent le même langage; par exemple le décorticage des différentes caractéristiques du métier de mécanicien devrait permettre de dégager un fond commun servant de plate-forme à la filière de formation de mécaniciens, cela dans le souci de préserver la possibilité de reconversion qui est une donnée très actuelle du marché du travail au regard de la crise qui frappe les pays africains[4];

c) les nomenclatures d'emploi et de formation sont incompatibles: elles n'ont pas été conçues pour permettre les comparaisons et le rapprochement, qui ne peut s'opérer qu'à un niveau très global et ne se prête guère à la planification.

Les perspectives d'amélioration

Les insuffisances des nomenclatures sont, de nos jours, bien perçues par les gouvernements africains, notamment à l'occasion des travaux de planification de l'emploi et des ressources humaines ou d'analyse du fonctionnement des marchés du travail. Des efforts sont en cours pour trouver des solutions, sinon des alternatives, aussi bien au niveau national que régional ou international.

Les dimensions nationales

La plupart des pays ont mis en chantier les travaux d'adaptation de leurs nomenclatures. Les premiers résultats sont positifs pour les nomenclatures d'activité économique. En ce qui concerne les nomenclatures d'emploi, les efforts de révision s'appuient sur l'examen systématique du contenu des emplois au moyen des enquêtes sur le terrain. Cette méthode devrait permettre d'obtenir une description des emplois dans leur contexte organisationnel et technique, d'identifier les modes d'accès aux différents emplois et de donner une image des modalités d'acquisition des qualifications et de passage de la formation à l'emploi[5]. En Côte d'Ivoire, des travaux sont en cours depuis quelque temps pour établir une nomenclature des professions adaptée aux réalités du pays sur la base d'observation directe des emplois dans les entreprises. C'est aussi l'objet du *Répertoire ivoirien opérationnel des métiers et des emplois* (RIOME) préparé avec l'assistance du BIT. Ces travaux sont considérés comme le point de départ de l'établissement d'une nomenclature des emplois conforme aux besoins des utilisateurs. En Algérie, des études ont été entamées en vue de définir une nomenclature des professions dont la construction suppose la disponibilité d'un grand nombre d'observations sur la nature et le contenu des postes de travail, les recrutements pour ces postes et la mobilité entre eux.

Les dimensions internationales

Comme nous l'avons dit, le BIT a procédé en 1988 à la révision de la CITP afin de présenter une classification:

- ayant une base conceptuelle ferme et claire pour renforcer son utilité en tant qu'instrument descriptif et analytique, et pour la rendre plus facile à mettre à jour en y insérant de nouvelles professions;
- reflétant bien les situations sur les marchés du travail tant dans les pays en développement que dans les pays développés;
- reflétant la position des femmes sur les marchés du travail;
- prenant en considération les conséquences des différentes technologies sur les professions;
- reflétant les changements dans l'importance relative des groupes de professions.

Dans la CITP-88, les personnes sont classées en fonction de leur relation à un emploi passé, présent ou futur, et les professions sont d'abord groupées ensemble, puis agrégées principalement selon les qualifications requises pour accomplir les tâches inhérentes aux emplois. Deux dimensions du concept de qualification sont retenues: d'une part le niveau de qualification qui est fonction de l'ampleur et de la complexité des tâches impliquées, d'autre part, la spécialisation des qualifications qui reflète les connaissances applicables ainsi que les outils et l'équipement utilisés. Les niveaux de qualification ont été définis tant par référence aux niveaux d'éducation et des catégories de la *Classification internationale type de l'éducation* que par référence aux qualifications acquises au courps d'une formation formelle ou informelle et par l'expérience.

Une classification internationale type des professions ne peut pas être taillée sur mesure pour chaque pays. C'est pourquoi le BIT prépare un manuel sur la façon dont les pays devraient procéder pour élaborer leur propre classification nationale et leur propre dictionnaire des professions et sur la manière de les utiliser et de les mettre à jour le plus efficacement. Ce manuel fournira en outre des conseils détaillés sur l'utilisation des classifications des professions dans les enquêtes statistiques et les recensements, c'est-à-dire sur des formulations efficaces des questions, sur de bons systèmes de codage, ainsi que sur la stratégie à suivre pour établir une correspondance entre les classifications nationales et la CITP-88[6].

La CITP-88 met l'accent sur une nouvelle approche des descriptions des professions en pensant aux besoins des utilisateurs potentiels, notamment les personnes chargées du placement, de la formation et de l'orientation professionnelles, du contrôle des migrations, etc. Elle donne la priorité à la description et à l'analyse du marché du travail en tant que base de la planification de la main-d'œuvre et de la formulation des politiques d'emploi et de formation professionnelle. Elle est conçue de façon à faciliter la communication internationale sur les professions et les groupes de professions. Elle devrait donc se prêter aux différents usages des planificateurs et des statisticiens nationaux.

Les critiques de la CITP avaient demandé des améliorations sur le plan de l'agrégation. En d'autres mots, on souhaitait une plus grande homogénéité des groupes agrégés. La nouvelle CITP a établi une structure de la classification de tous les emplois de la main-d'œuvre en les regroupant par catégories de grandeur croissante. Les personnes pourront être classées dans tel ou tel groupe en fonction de leur relation avec un emploi. Cela implique que l'emploi soit défini de façon aussi précise que possible et que soient spécifiés les critères à utiliser afin de déterminer la similitude de différents emplois.

Notes

[1] Achio, F.: *Les nomenclatures d'emploi et de formation et leur intérêt en matière de planification de la formation,* document présenté à la Réunion d'experts sur les méthodes d'évaluation des besoins de formation, Turin, 26 sept.-1er oct. 1983 (Genève, BIT, 1983).

[2] Bertrand, O.: *Nomenclatures d'emplois et rapprochements avec la formation,* Séminaire sur les méthodologies d'analyse des relations entre la formation et l'emploi, 16-20 déc. 1985 (Abidjan, Centre interafricain pour le développement de la formation professionnelle (CIADFOR)).

[3] BIT: *Rapport de la Conférence,* Treizième Conférence internationale des statisticiens du travail, Genève, 18-29 oct. 1982 (Genève, 1983), p. 13.

[4] CIADFOR: *Rapport général,* Séminaire sur les méthodologies d'analyse des relations entre la formation et l'emploi, Abidjan, 16-20 déc. 1985.

[5] Achio, *op. cit.*

[6] Hoffmann, E.; Scott, M.: *The revised international standard classification of occupations (ISCO-1988). A short presentation* (Genève, BIT, Bureau de statistique, 1989). Une version française de ce texte a paru sous le titre «Pour une meilleure analyse de la société. La Classification internationale type des professions 1988 (CITP-88)», *Uni Lausanne* (Lausanne, Université de Lausanne), 1988/4, n° 57 (Dossier: *Le monde du travail*).

7

La formation et l'emploi par les programmes d'insertion professionnelle des jeunes

Quelques actions ponctuelles

Le fond du problème de l'adéquation de la formation et de l'emploi est d'adapter autant que possible les formations dispensées aux emplois créés.

Nous avons noté les importantes difficultés méthodologiques auxquelles se heurte la démarche. Ces difficultés sont exacerbées dans la situation de crise où se trouve l'Afrique compte tenu des fortes incertitudes qui pèsent sur l'offre d'emplois et de la nécessité de reconvertir les personnes mises en chômage à la suite des restructurations des secteurs public et parapublic.

Une autre manière, complémentaire, de traiter le problème est de mettre au point des démarches ponctuelles tant du côté de la formation que de l'emploi en vue d'assurer une plus grande souplesse du système.

Du côté de la formation, l'Afrique francophone s'est efforcée, en premier lieu, de mettre l'accent sur la formation professionnelle dont la finalité est d'assurer une réponse très directe aux besoins du secteur productif. Aucun pays africain, aussi pauvre soit-il, ne manque actuellement d'institutions publiques et privées (école de comptabilité, école de vente, etc.) qui faisaient si cruellement défaut au début des années soixante-dix. On peut observer, en second lieu, le développement d'expériences tout à fait originales dans le domaine de la formation. C'est le cas, déjà évoqué, de l'adaptation de la formation au milieu rural, notamment au Mali. La réforme de l'enseignement moyen pratique au Sénégal, dont le but essentiel est de doter les jeunes, ruraux et urbains, des connaissances nécessaires à l'exercice des métiers manuels, constitue un autre essai d'adaptation. Citons encore un dernier exemple d'action visant à accroître la souplesse du système de formation: Au Maroc, la réforme de la formation professionnelle en cours depuis 1984 distingue quatre niveaux d'études (initiation, spécialisation, qualification, niveau technicien) et tente de mettre en application le principe de l'alternance des études et des stages en entreprise[1].

Dans le domaine de l'emploi, compte tenu de la crise économique, les Etats africains sont fréquemment confrontés à des problèmes aigus concernant des groupes de populations spécifiques: salariés du secteur parapublic en chômage, fonctionnaires invités à prendre leur retraite anticipée, jeunes diplômés sans emploi. Ces situations engendrent autant de mesures d'urgence dont certaines sont des expériences enrichissantes en matière d'adaptation de la formation et de l'emploi. Ainsi en est-il des actions d'insertion des jeunes diplômés dans la vie active.

La situation et les caractéristiques du chômage des jeunes diplômés

Au moment de l'indépendance et pendant les années qui ont suivi (1960-1970), non seulement il n'y avait pas de chômage des diplômés, mais encore les pays ont dû faire face à une pénurie considérable de cadres par rapport aux besoins de prendre en main l'administration, de diriger les opérations de développement et de satisfaire les besoins des industries naissantes.

Dans ce contexte, tous les pays ont entrepris alors des efforts substantiels pour développer l'enseignement primaire, puis l'enseignement secondaire et l'enseignement supérieur. Ces degrés ont fourni progressivement de plus en plus de diplômés, en rapport direct avec l'accroissement des effectifs qu'ils accueillaient, même si les rendements restaient bas.

A partir de 1973, l'installation de la crise économique puis financière a abouti au début des années quatre-vingt à un plafonnement et parfois à une baisse des emplois salariés tant publics que privés. Les offres d'emploi de remplacement ou d'emplois issus des investissements nouveaux se sont ainsi considérablement réduites au moment même où les flux de sorties du système éducatif connaissaient un accroissement rapide. L'excès d'offre de main d'œuvre qualifiée de niveau supérieur coïncide en outre avec les licenciements importants entraînés par les restructurations d'entreprises qui sont en cours.

La réorientation de l'insertion des jeunes diplômés est d'autant plus malaisée que les formations acquises étaient fortement marquées par les besoins administratifs et correspondaient à des profils très différents de ceux qu'exigent l'auto-emploi ou des activités de production dans le secteur non structuré (micro-unités agricoles ou artisanales).

Comme nous l'avons indiqué au chapitre 2, le phénomène du chômage des diplômés a pris rapidement une ampleur inquiétante. Bien qu'on ne puisse établir de façon rigoureuse les situations, faute d'un enregistrement systématique des demandeurs d'emplois qualifiés dans les bureaux de main-d'œuvre (ils résistent souvent à se faire inscrire car ils n'en voient ni l'utilité pratique ni les renseignements et les aides qu'ils pourraient en retirer). Les rapprochements entre les flux de sortie du système éducatif et les offres d'emplois publics et privés du secteur formel font apparaître, dans les pays dont le nombre d'étudiants est déjà important, une proportion supérieure à 70 pour cent de jeunes diplômés qui ne trouvent pas d'embauche salariée.

Les effectifs des entreprises et des administrations étant encore très majoritairement jeunes, les taux de départ à la retraite et donc de remplacement sont encore proches de 1 pour cent par an alors que dans le cas d'une pyramide d'âge normale la proportion est d'environ 3 pour cent.

Le phénomène touche proportionnellement plus les jeunes ayant une formation supérieure pour lesquels les offres sont moins nombreuses, alors que les anomalies des flux de formation font qu'ils représentent un nombre annuel de diplômés presque égal à celui des cadres moyens ou des titulaires de diplômes professionnels de base. En outre leur reconversion rapide dans le secteur non structuré ou dans les micro-entreprises est plus difficile que celle des titulaires de CAP ou de formations techniques moyennes plus pratiques.

Cette situation globale affecte plus particulièrement certains pays et surtout les spécialités pour lesquelles l'Etat était par tradition le seul ou le principal employeur (agronomes, vétérinaires, médecins, enseignants, etc.). Elle signifie un excès par rapport aux moyens d'assurer le financement de nouveaux postes de travail, mais non par rapport aux besoins d'encadrement, de développement de l'enseignement et de la santé.

Dans chaque pays, il reste pourtant et dans le même temps des spécialités pour lesquelles l'offre de main-d'œuvre est insuffisante (par exemple l'aviation civile, certaines matières d'enseignement, diverses spécialités médicales, le génie agro-alimentaire), mais il s'agit de nombres faibles par spécialité. Les réponses en termes de formation sont d'autant plus difficiles à organiser.

Les expériences menées ou en cours et les résultats obtenus

Face à cette situation, la plupart des pays d'Afrique francophone ont mis sur pied des programmes pour trouver de nouvelles voies d'insertion professionnelle des jeunes hors du secteur salarié. A titre d'illustration et de comparaison, nous présentons en annexe l'expérience conduite en France dans la région Midi-Pyrénées en matière d'insertion des jeunes diplômés et de relation entre la formation et l'emploi. Il s'agit d'une démarche effectuée dans un contexte différent de celui de l'Afrique, mais dont les responsables et les planificateurs africains pourraient utilement s'inspirer en tenant compte, il va de soi, de leur environnement socio-économique et culturel.

L'intervention en faveur du secteur non structuré est, on le sait, une des activités prioritaires du BIT. Pour mémoire, nous rappellerons:

1) les opérations tendant à associer des techniques de production grosses utilisatrices de main-d'œuvre et des investissements susceptibles d'accroître la productivité du travail et la qualité de vie en milieu rural. C'est particulièrement le cas des programmes de travaux publics à forte haute intensité de main-d'œuvre dont le but est la réalisation, par la population directement intéressée, d'un ensemble de travaux de reboisement, de construction de puits, d'irrigation, de routes de dégagement, etc., utiles à la vie d'une collectivité réduite (petit ensemble de villages). Ces travaux exigent diverses interventions dont, par exemple, la formation à l'entretien du matériel mis à disposition. Plus largement, la population est appelée à un travail communautaire dans une perspective de changement d'environnement économique et social. Des résultats très positifs ont été obtenus, depuis plusieurs années, dans des pays comme le Bénin, le Burkina Faso, le Burundi, le Cap-Vert, le Rwanda, le Togo, etc.;

2) les actions d'assistance au secteur artisanal constituent une autre voie d'intervention privilégiée du BIT. Certes, l'expérience montre que les artisans sont plus sensibles à une aide leur permettant d'accéder aux produits nouveaux et aux techniques améliorées, de maîtriser la fonction financière, de recevoir des équipements, d'obtenir des matières premières, etc. qu'à une formation systématique. Il n'empêche que l'on retrouve bien là une attitude d'association étroite du travail et de la formation. Au-delà de l'intégration de ces deux éléments,

on sent poindre aussi dans ce type d'expérience l'essai de réponse au problème général de l'emploi par un développement des activités non structurées. Il y a lieu de supposer que, dans certains cas, celles-ci se développeront principalement en fonction des besoins et des moyens de la majorité d'une population dont les revenus sont faibles. Ce sont alors des unités plus nombreuses et de petite taille, parfois simplement artisanales, plus proches des lieux de consommation, ou des unités de production, qui pourront s'adapter et saisir le marché. Ces unités auront du même coup des modes d'organisation et de besoins de main-d'œuvre à mi-chemin entre l'industrie et l'artisanat, avec un besoin particulier de compétences plus polyvalentes[2]. Penouil et Lachaud, dans l'étude mentionnée au chapitre 4, observent à juste titre que l'intervention à l'échelon des petites unités ne saurait suffire. Encore faut-il, pour que les actions d'assistance souples et décentralisées soient efficaces, qu'il existe à long terme des possibilités d'élargissement des marchés informels et notamment une possibilité de mieux se situer par rapport au secteur moderne. Cette question n'a de solution envisageable qu'à l'échelon macro-économique (réaménagement du cadre institutionnel, reconsidération des processus de financement, stabilisation de la pression fiscale, assouplissement des conditions de marché public, etc.).

Les programmes spécifiques d'insertion professionnelle

Les actions visant la création d'emplois pour les jeunes (en particulier les diplômés) mises en place à l'heure actuelle par de nombreux pays africains relèvent d'une problématique proche de celle qui a cours pour le secteur non structuré.

L'expérience sénégalaise

Le gouvernement du Sénégal s'est préoccupé depuis le début des années quatre-vingt du problème de l'insertion des jeunes et de la réinsertion des travailleurs licenciés. Les opérations les plus spectaculaires ont touché les diplômés d'enseignement supérieur pour lesquels des mesures d'insertion par des stages en entreprise et d'aide à la création de petites et moyennes entreprises (PME) ont été mises en place. A la fin de 1986, près de 200 opérations d'insertion ont été réalisées, et 200 entreprises et 500 emplois de diplômés créés.

Après une première génération de petits projets concernant la boulangerie, le commerce et les transports, dont nombre d'entre eux se sont révélés à terme être des échecs (on a estimé que 35 des petites entreprises créées dans le secteur des transports ont périclité), des essais ont été tentés dans le maraîchage, la pêche artisanale et, à un moindre degré, le mareyage et la boulangerie. Plus de 75 pour cent des projets ont été mis en œuvre à Dakar où les conditions d'accueil sont plus favorables.

Une autre action importante a été menée au profit des élèves sortant de l'enseignement technique et professionnel. L'idée consistait à créer un réseau de petits commerces de détail proprement sénégalais dans un secteur tenu traditionnellement par des étrangers, particulièrement les Mauritaniens. Simultanément, il s'agissait de moderniser les circuits de distribution. De 1982 à 1986, quelque 95 magasins témoins ont été installés grâce à un financement de l'Etat et à l'appui du Fonds européen de développement (FED). Le résultat a été, à dire vrai, peu spectaculaire, nombre de magasins ayant depuis fermé. A côté des difficultés rencontrées dans la mise en place du financement, le poids des immobilisations, les problèmes d'approvisionnement, et le manque d'expérience des jeunes commerçants, une des contraintes essentielles dans le fonctionnement de ces magasins est la très faible marge dégagée sur les produits alimentaires de grande consommation dont les prix sont imposés. L'expérience a montré, du moins au Sénégal, qu'un petit commerce de détail moderne, en butte à la concurrence, d'une part, des grandes surfaces et, d'autre part, du secteur non structuré, a les plus grandes difficultés à survivre.

Deux actions ont été entreprises en faveur de l'emploi des jeunes dans le secteur non structuré:

- une action répondant à un besoin très ponctuel: celui de la distribution de détail du pain en milieu urbain. Des kiosques à pain ont été mis en place, assurant près d'un millier de nouveaux emplois;

- les projets GOPEC du Groupe opérationnel permanent d'étude et de concertation administrés par le ministère du Développement social visant principalement les jeunes du monde rural. De 1980 à 1986, près de 3500 jeunes ont bénéficié de financements, à dire vrai modestes, et d'un encadrement technique pour lancer leurs nouvelles activités.

Plusieurs programmes ont été mis en place pour encourager la réinsertion du personnel des entreprises publiques et parapubliques affecté par les mesures de licenciement pour motifs économiques. Ces programmes, appuyés pour l'essentiel par des financements externes, ont visé particulièrement les agents de sociétés de développement et d'encadrement rural. Aucun bilan précis n'a encore été fait. Il semblerait toutefois que près de 150 emplois permanents aient pu être créés.

A l'appui de ces expériences, deux structures ont été instituées:

- l'une de gestion: la Délégation à l'insertion, à la réinsertion et à l'emploi (DIRE) rattachée à la présidence de la République;

- l'autre de financement: le Fonds national de l'emploi (FNE) dont le comité de prêt est présidé par la délégation. Le fonds mobilise les contributions des institutions financières et de la coopération internationale. Il assure ainsi le financement de petits projets (plafond de 30 millions de francs CFA; apport personnel minimum de 5 pour cent) présentés par les populations cibles précédemment décrites. Les agents de l'Etat, fonctionnaires ou non, cessant volontairement leurs fonctions, peuvent aussi bénéficier de l'aide du Fonds.

A côté du FNE, on a créé un Fonds spécial destiné aux micro-projets (à concurrence de 5 millions de francs CFA) ne nécessitant pas une mise en œuvre sophistiquée et s'adressant à des personnes en situation de chômage. Au plan technique, le FNE et le Fonds spécial s'appuient sur des équipes de la DIRE qui assurent l'encadrement et la formation des futurs entrepreneurs. L'une des équipes bénéficie de l'assistance du Programme des Nations Unies pour le développement (PNUD) et du BIT.

Les projets FNE sont examinés selon la procédure suivante: quatre mois pour la formation du postulant à un prêt et la préparation du dossier; deux mois pour instruire le dossier auprès de la banque. Les projets présentés au Fonds spécial, en revanche, font l'objet d'une procédure très simplifiée.

Des organismes spéciaux ont été créés dans d'autres pays comme un volet de dimension sociale des programmes d'ajustement structurel. Au Cameroun, le Fonds national de l'rmploi (FNE), établi par décret en avril 1990, a pour mandat d'assurer la promotion de l'emploi et la lutte contre le chômage. Il est chargé d'entreprendre toutes les activités visant à accroître les possibilités d'emploi, de diffuser les informations aux chercheurs d'emploi, favoriser l'insertion dans le circuit de production des jeunes à la recherche d'un premier emploi ou la réinsertion des travailleurs licenciés pour raison économique des entreprises du secteur public, parapublic ou privé, de concevoir, de financer et de suivre les programmes ayant trait à la formation sur le tas, à l'apprentissage et à la création des emplois indépendants et des micro-entreprises. Au Burundi, le Fonds d'aide à la promotion de l'emploi, créé en 1989, a, notemment, pour mission de développer l'esprit d'entreprise et de favoriser l'émergence d'entrepreneurs qualifiés et motivés. Un accent particulier est mis sur la capacité de ces fonds de piloter et de coordonner toutes les actions de recyclage, de requalification des travailleurs licenciés ou, tout simplement, de qualification des diplômés chômeurs de manière à faire progresser l'adéquation de la formation et de l'emploi.

Les difficultés rencontrées

Les expériences en cours ici et là montrent que ces programmes se heurtent à de multiples difficultés de fonctionnement, tout d'abord d'ordre financier. Au Sénégal, les sommes reçues par le FNE sont portées sur un compte ouvert à la Banque centrale des Etats de l'Afrique de l'Ouest (BCEAO) au nom de la DIRE, des conventions de rétrocession étant conclues entre l'Etat et les institutions financières pour la gestion de la ligne de crédit. Les banques qui gèrent les dossiers instruits par le comité de prêt remplissent leur fonction d'intermédiaire financier. C'est alors que se pose le problème de la prise en charge du risque de non-remboursement, très élevé dans le domaine de la création d'entreprises. Le système bancaire, acceptant mal de prendre des risques sans compensation spécifique, n'a pas répondu très positivement aux incitations de l'Etat. Ce comportement général du système bancaire est renforcé par la conjoncture financière difficile que traversent les pays en développement.

En Mauritanie l'expérience conduite par le Fonds d'insertion et de réinsertion dans la vie active (FIRVA), créé en 1985, se heurte aux multiples conditions qui prévalent pour gérer d'une manière profitable une petite entreprise et qui requièrent une formation suffisante, une longue expérience, une épargne personnelle (financière ou en biens immobiliers pouvant servir de garantie), ce dont les jeunes ne disposent pas[3].

En Mauritanie on a estimé en 1987 qu'il fallait au moins 100 millions d'ouguiyas[4] par an pour créer moins de 500 emplois, ce qui est lourd en termes d'investissement, mais insignifiant par rapport au nombre de demandeurs d'emploi. Au Niger, les investissements nécessaires sont considérables, de l'ordre de 10 millions de francs CFA par emploi de diplômé créé, et l'on n'a pas d'indication sérieuse sur les remboursements, obligatoires en principe, des nouveaux entrepreneurs. De plus, le choix des secteurs d'activité est délicat, étant donné la concurrence du secteur non structuré; la constitution de groupes de diplômés efficaces, présentant les qualités nécessaires à la bonne marche d'une petite unité de production (sens de l'organisation, intérêt pour la clientèle, respect des contraintes financières, etc.) s'est révélée être une opération complexe.

Par ailleurs, ces actions ont rapidement montré leurs limites dans la mesure où elles ne permettent de résoudre que certains des problèmes posés par l'insertion professionnelle des jeunes. En effet, une grande partie de ceux-ci n'ont ni le désir ni surtout le profil pour créer et mener à bien leurs propres entreprises. En revanche, leur association avec des adultes connaissant déjà le monde professionnel en tant que micro-entrepreneurs offre des possibilités, mais elle suppose un autre type d'intervention et d'appui.

Plus largement, le problème qui se pose est celui de la généralisation de l'esprit d'initiative privée moderne, qui est nécessaire à la création de véritables petites entreprises. Comme dans le secteur non structuré, la réponse est partiellement de nature macro-économique: réforme de l'encadrement juridique, adaptation des structures institutionnelles d'appui (chambre de commerce, syndicats, organisation des professions libérales), mesures administratives et fiscales, appui technique, etc.

Par ailleurs, il est de plus en plus manifeste que les informations nécessaires sur les possibilités d'activités économiques font défaut, particulièrement dans les zones décentralisées où les chances sont potentiellement les plus nombreuses et correspondent à une option de politique économique et sociale. De la même façon, la prise de contact probatoire, au cours de stages, avec les zones et les milieux professionnels dans lesquels les jeunes seraient intéressés à s'installer n'est pas toujours bien organisée. Les possibilités de formations complémentaires pour adapter leurs connaissances aux besoins de l'activité choisie sont la plupart du temps aléatoires. Enfin, force est de constater que les jeunes filles semblent avoir plus de difficultés que les garçons à pouvoir s'orienter vers la création d'unités de production et donc à bénéficier de ce type d'appui.

Au Mali un projet de création d'unités pour la promotion de l'autoemploi des jeunes avait à l'origine pour objectif de jouer un rôle essentiel dans la mobilisation de l'information et dans la constitution et l'animation de réseaux à partir des structures existantes et compétentes tant pour les études techniques de projets que pour les financements, les formations complémentaires et plus encore les contacts avec le terrain et l'encadrement. La grande difficulté est de réussir à s'affranchir des procédures classiques de gestion.

Ainsi, après ces premières années d'efforts, les résultats enregistrés obligent à s'interroger: le nombre de jeunes insérés est faible par rapport à celui des jeunes en chômage. Au Sénégal, peu d'unités ont été créées ou mises à l'étude et le rythme d'une centaine par an paraît difficile à tenir. Au Mali, le chiffre de 50 installations par an ne sera vraisemblablement pas dépassé. Au Niger, le Programme d'aide à l'initiative privée et à la création d'emplois (PAIPCE) n'en est qu'à ses débuts dans l'étude et la mise en place de mesures incitatives visant à dynamiser le secteur privé. En Guinée la structure correspondante ne vise pas les jeunes diplômés mais les fonctionnaires en cours de reconversion; elle ne parvient à faire aboutir qu'un peu moins d'une centaine de dossiers par an.

En fait, les démarches qui reproduisent pour des micro-unités les modes d'intervention prévus pour la création des PME sont par nature coûteuses et limitées en nombre. En outre, les solutions appliquées sous-estiment certains problèmes pratiques: on ne pourra pas offrir longtemps et pour un grand nombre de jeunes des conditions exceptionnelles tant sur le plan du financement que de l'application de la réglementation commerciale, fiscale et du travail.

L'enjeu est peut-être aussi dans le même temps de ne pas tomber dans le piège que constituerait la création de structures administratives lourdes et trop centralisées pour développer l'initiative privée, l'auto-emploi et des micro-unités de production à l'échelon régional et local.

Notes

[1] Caire, G.; Gern, J.-P.: *Maroc: rapport de mission sur l'étude des liaisons éducation, formation, emploi* (Genève, BIT, 1987).

[2] Trouvé, J.; Bessat, C.: *Perspectives de développement de l'emploi et de la formation*, rapport de mission au Mali (Genève, BIT, 1986).

[3] Feral, G.: *Les programmes spéciaux d'emploi et de formation de la jeunesse: rapport de synthèse* (Addis-Abeba, OIT-PECTA, 1987).

[4] En décembre 1991, 1 dollar des Etats-Unis valait environ 800 ouguiyas.

Conclusion

Il convient de nuancer ici les analyses et réflexions qui précèdent en rappelant les nombreuses limites de notre travail. En effet, elles sont fondées sur des études empiriques ou des avis d'experts se rapportant à des pays fort disparates. Si les emplois publics représentent les deux tiers des emplois modernes au Burkina-Faso, la proportion est de 25 pour cent au Cameroun et en Côte d'Ivoire; de même, la formation initiale, l'apprentissage, la formation en entreprise ou la scolarisation des filles sont des phénomènes qui touchent diversement les pays. Dès lors, malgré les précautions de style, la généralisation des observations faites sur tel ou tel pays à l'ensemble de l'Afrique francophone est certainement sujette à caution.

Cela dit, il apparaît que les problèmes de formation et d'emploi sont bien au centre des nouvelles politiques de développement dans une Afrique en proie à la crise économique et en période de transition. Ces politiques présentent de multiples aspects qui nous intéressent ici, comme l'encouragement aux initiatives privées et aux micro-réalisations, la réduction du poids du secteur public, le développement des activités informelles et la promotion de l'auto-emploi, etc. Elles résultent d'une part des transformations importantes de l'économie tant dans les secteurs productifs que dans les secteurs sociaux et, d'autre part, de l'évolution démographique. Ces deux phénomènes conjugués entraînent des conséquences sur la répartition spatiale de la population (accroissement de l'urbanisation), sur le système éducatif et, partant, sur l'insertion professionnelle des jeunes. Celle-ci ne se pose pas en termes uniquement conjoncturels. La question des débouchés risque d'être une préoccupation de longue haleine et incite les responsables à prendre des mesures pour adapter les systèmes de formation aux besoins de l'économie. L'enseignement général, nous l'avons vu au chapitre 2, a bénéficié de l'essentiel des progrès réalisés dans le domaine de l'éducation, mais l'on constate aujourd'hui une inadéquation de plus en plus marquée entre la formation et l'emploi, qui se traduit par un chômage important des jeunes diplômés et par un accroissement du nombre d'élèves quittant l'enseignement fondamental sans qualification, alors même que, paradoxalement, la main-d'œuvre qualifiée fait défaut dans certaines professions.

Cette situation a conduit beaucoup de pays à s'engager sur la voie de la réforme des sytèmes de formation, selon des modalités qui leur sont propres. En ce domaine comme dans bien d'autres, il n'existe pas de formule miracle. Etant donné la diversité des situations d'un pays à l'autre et parfois à l'intérieur d'un même pays, différentes options peuvent se présenter. Mais quel que soit le cas de figure retenu, l'essentiel est de donner aux jeunes leurs chances d'insertion dans la vie active en les orientant le mieux possible vers une formation de qualité en fonction des débouchés et des filières d'avenir comme la gestion, l'entretien, l'informatique et l'électronique. Par ailleurs, l'insertion professionnelle ne peut se réduire à une simple activité de rapprochement de l'offre et de la demande. Elle implique l'articulation d'une double gamme de prestations: d'une part, offrir aux demandeurs d'emploi des itinéraires diversifiés d'insertion combinant l'information, l'évaluation, le suivi, le conseil et la formation; d'autre part, fournir aux entreprises des services efficaces appuyés par des instruments de politique répondant aux situations particulières des branches d'activité économique.

En cette période d'accélération du progrès technique et d'exécution des programmes d'ajustement structurel, la formation dispensée dans les établissements publics doit être suffisamment large et flexible pour répondre efficacement aux changements et aux adaptations nécessaires. Ces établissements ne couvrent pas tout l'éventail des professions exercées dans les grandes entreprises, qui sont appelées à développer leurs programmes de formation professionnelle en rapport avec les techniques utilisées. Ainsi, la formation en entreprise peut constituer une pièce maîtresse du dispositif, en particulier dans la mesure où elle est encouragée par des mesures fiscales.

Le succès de la réforme des systèmes de formation dépend de certaines conditions, en particulier celles de caractère épistémologique et institutionnel. L'étude a montré en effet que la problématique de la formation et de l'emploi relève de mécanismes économiques et sociaux complexes et non d'une simple relation linéaire et purement technique. Par exemple, les qualifications se traduisent par des savoir-faire acquis collectivement dans l'atelier ou l'entreprise en prenant en considération la situation de toutes les catégories de main-d'œuvre et en raisonnant en termes de diversité des modes d'accès à l'emploi, voire de concurrence entre les divers groupes de travailleurs. Au plan institutionnel, pour assurer une utilisation rationnelle des compétences et des moyens d'action, il conviendrait d'établir une structure nationale de coordination des programmes d'emploi et de formation, bien organisée et associant les partenaires sociaux, notamment le secteur privé dont la création d'emplois dépend pour une large part.

L'une des conclusions majeures de l'étude est que, de nos jours, ce n'est plus exclusivement de l'Etat que viennent les emplois, mais surtout des entreprises. C'est pourquoi les politiques d'incitation à la création de petites et moyennes entreprises, voire des micro-unités de production, sont à encourager. Encore faut-il que les employeurs aient confiance et que les législations et les pratiques administratives soient révisées pour tenir compte des exigences du marché du travail. Au regard des nouvelles orientations économiques et des initiatives pour l'emploi, l'assouplissement des conditions d'embauche (ou de licenciement) semble aujourd'hui être un impératif.

On observe dans un grand nombre de pays une volonté de mettre en place des systèmes intégrés de collecte, d'analyse et de dissémination des informations sur le marché du travail. Cette évolution est de bon augure, car les données existantes ne permettent qu'une perception approximative des problèmes d'emploi et de leurs liaisons avec ceux de l'éducation et de la formation. De tels systèmes devraient comprendre, d'une part, un dispositif de suivi (observation, analyse, interprétation) des mécanismes de fonctionnement du marché du travail et, d'autre part une structure de recherche chargée d'étudier, entre autres, le cheminement professionnel des jeunes. Ils devraient également s'accompagner de nouvelles méthodes de prévision axées beaucoup plus sur l'analyse du marché que sur les projections macro-économiques à long terme. Cette orientation pourrait en partie trouver sa justification dans les incertitudes sur les perspectives d'avenir et dans la nécessité d'étudier les conditions concrètes dans lesquelles s'opère le passage entre les systèmes d'éducation et de formation et le monde du travail, ainsi que leurs interrelations.

Annexe: L'insertion des jeunes diplômés et l'articulation de la formation et de l'emploi en France. Une expérience régionale

Le Centre d'études juridiques et économiques de l'emploi (CEJEE) a engagé des recherches sur les relations entre la formation et l'emploi depuis 1971. La première étude réalisée, dans un contexte économique marqué par le plein emploi, avec cependant des traces çà et là de chômage des jeunes, avait porté sur l'accès aux emplois: elle visait à repérer, dans l'ensemble des emplois existants, ceux qui étaient ouverts, en exclusivité ou en concurrence avec d'autres catégories de main-d'œuvre, aux jeunes débutants disposant d'une formation initiale professionnelle, technique ou supérieure. Elle faisait ressortir que, si quelques emplois s'ouvraient indifféremment aux diplômés ou aux personnes disposant d'une expérience (substitution formation-expérience), la très grande majorité des emplois existant dans l'appareil productif était fermée aux débutants: les emplois d'accès pour ces derniers étaient limités en nombre et localisés sectoriellement et professionnellement.

Dès 1972, le CEJEE a mis progressivement en place un système d'observation de l'insertion professionnelle des jeunes en procédant par enquêtes postales longitudinales: les jeunes étaient suivis pendant les trois ou quatre premières années de leur vie active et l'on pouvait reconstituer leur trajectoire professionnelle durant cette période clé. La méthode a été appliquée en premier lieu aux diplômés de l'Université des sciences sociales de Toulouse, puis étendue d'abord à l'ensemble des universités de Toulouse et enfin à l'ensemble des niveaux de formation existant dans l'académie (des brevets de technicien supérieur et des diplômes universitaires de technologie jusqu'aux apprentis, à l'exclusion des écoles d'ingénieurs). Une banque de données sur l'insertion a pu être ainsi constituée, comportant à l'heure actuelle près de 20.000 individus. Cet appareil d'observation sur un espace régional est unique en France.

Par ailleurs, dès 1975, des travaux originaux étaient conduits sur l'enseignement technique. En réalisant une douzaine de monographies approfondies sur plusieurs spécialités de l'industrie ou du tertiaire, il a été possible de construire une grille d'analyse des relations entre la formation et l'emploi qui articule le fonctionnement détaillé d'une spécialité et celui du marché du travail correspondant. Les volets «formation», «entreprise» et «marché du travail» y sont développés conjointement.

Enfin, dans les années quatre-vingt, une étude sur les trois régions du grand Sud-Ouest de la France (Aquitaine, Midi-Pyrénées, Languedoc-Roussillon) permettait de travailler au rassemblement et à la construction de données de cadrage sur l'emploi et la formation, pouvant servir à situer – voire expliquer – les données détaillées d'insertion professionnelle des jeunes.

On le voit, le travail de recherche s'est développé, sur le plan empirique du recueil des données, dans l'espace régional mais en direction de toutes les catégories de diplômés.

Grâce à cette expérience, il a été possible de mieux cerner la situation des jeunes diplômés et les politiques d'aide à leur insertion professionnelle, ainsi que de définir les domaines de recherche et les actions de formation complémentaires.

La situation des jeunes diplômés sans emploi dans le cadre régional

En Midi-Pyrénées, comme dans d'autres régions de France, les jeunes sont fortement touchés par le chômage. Les enquêtes permettent d'avancer que 20 pour cent seulement des jeunes ne connaissent jamais le chômage au cours de leur période d'insertion. L'expérience du chômage est donc le lot de l'énorme majorité. Comme partout, le chômage est sélectif: par niveau de formation, par sexe, par spécialité:

- *par niveau:* les diplômés de l'enseignement supérieur sont beaucoup moins atteints par le chômage que les jeunes ne disposant que d'un baccalauréat ou d'un diplôme technique inférieur. Les jeunes les plus touchés sont évidemment ceux qui ont quitté le système éducatif sans aucune certification. Parmi les diplômés de l'enseignement supérieur les titulaires de BTS (Bac+2) sont ceux qui évitent le mieux le chômage: leur performance est à cet égard supérieure à celle des titulaires d'une licence ou d'une maîtrise (Bac+3 et Bac+4);
- *par sexe:* le chômage des jeunes filles est systématiquement supérieur à celui des garçons ayant le même diplôme. Il est souvent voisin du double. Il est vrai que, pour un même type de diplôme, les jeunes filles ont plutôt une formation destinée aux emplois tertiaires alors que les garçons reçoivent une formation aux emplois industriels. Même dans le cas de formations mixtes, on constate que les garçons évitent mieux le chômage que les filles. En janvier 1990, pour la tranche d'âge de 15 à 24 ans dans l'ensemble de la France, le taux de chômage était de 24 pour cent pour les femmes et de 15,4 pour cent pour les hommes.
- *par spécialité:* à chaque niveau de formation, il existe des différences par métier (les électriciens chôment moins que les mécaniciens) ou par profession (les juristes chôment moins que les économistes ou surtout que les biologistes). Cependant, ces écarts ne sont pas toujours très significatifs.

Il est important, tout particulièrement lorsqu'il s'agit des jeunes, de considérer le chômage moins comme un état (perspective de stock) que comme une situation transitoire vue dans une perspective dynamique (celle du cycle de vie de l'individu). Si le nombre de jeunes au chômage à un instant donné est un premier indicateur, le calcul des durées et des fréquences des passages par le chômage sur une période de temps donnée est plus important pour distinguer les groupes qui sont réellement handicapés.

On doit aussi considérer comme utile de distinguer le premier chômage, ou période de recherche du premier emploi, du chômage ultérieur à l'occupation d'un premier emploi, car les stratégies des employeurs peuvent changer. Dans le premier cas, on a pu constater qu'une stratégie d'allongement de la période de recherche se révèle en moyenne payante (mais elle a un coût qui doit pouvoir être assumé par la famille) et qu'une longue attente du premier emploi est plutôt associée à l'obtention d'un bon premier emploi.

Au contraire, il semble qu'après avoir occupé un premier emploi, les périodes de chômage de longue durée (notamment supérieures à douze mois consécutifs) aient des conséquences néfastes sur la trajectoire professionnelle des individus.

Il est certain que le chômage des jeunes est en grande partie lié aux politiques de recrutement des entreprises, qui ont multiplié ces dernières années les emplois précaires. Les contrats de travail temporaire visent en premier lieu les jeunes et les obligent à retourner plus ou moins fréquemment sur le marché du travail; un passage par le chômage, même de courte durée, est alors difficilement évitable. Le couple emplois précaires-chômage est le système par lequel les entreprises filtrent la main-d'œuvre jeune et procèdent à une allocation fine et adaptée des ressources. Compte tenu de l'abondance de diplômés de toutes sortes sur le marché, le diplôme tend à devenir moins discriminant pour les entreprises que des qualités personnelles diverses dont l'acquisition est mal contrôlée par le système éducatif, mais qui prennent une importance accrue du fait des mutations technologiques. La compétence sociale prend souvent le pas sur la seule compétence technique.

A l'issue d'une période de chômage, les jeunes encourent un double risque:

- celui de la déqualification et de la déclassification: accepter un emploi précaire va souvent de pair avec la sous-qualification. Le phénomène n'est pas négatif lorsque le jeune considère qu'il s'agit là d'un emploi d'attente qui ne le détourne pas de ses objectifs et peut même le mettre sur la voie de l'emploi stable et qualifié qu'il convoite. Mais il n'en va pas toujours ainsi et bien des jeunes sont durablement déqualifiés; cela joue peu pour les diplômés de l'enseignement supérieur;
- celui de l'inadéquation entre formations et emplois ou, si l'on préfère, des distorsions entre métiers appris et métiers exercés. Ces distorsions peuvent avoir un aspect positif: elles sont le gage d'une bonne adaptabilité des individus ou des capacités de polyvalence d'une formation. Elles constituent un phénomène normal tenant compte à la fois des projets individuels et des besoins et pratiques spécifiques des entreprises, tout au moins lorsqu'elles demeurent dans des proportions limitées. Lorsque, au contraire, plus de la moitié, voire les trois quarts, des titulaires d'une spécialité en exercent une autre, on peut penser qu'il existe un gâchis social dommageable auquel il faut porter remède.

On terminera en indiquant que, d'après les techniciens du CEJEE, les migrations ne sont plus aujourd'hui en France une solution au chômage des jeunes, contrairement à ce qui se passait à une époque où les zones de forte croissance attirait la main-d'œuvre jeune des zones en déclin. L'aspiration à travailler sur place est très largement dominante; elle touche de plus en plus les catégories supérieures, qui conservent cependant un plus fort taux de mobilité.

Les politiques d'aide à l'insertion mises en place

Sur le plan des politiques d'emploi, et notamment des actions en faveur des jeunes, il n'existe pas encore de spécificités régionales bien marquées. La régionalisation, instituée en 1984, est encore trop récente et n'a pas encore permis la création d'organismes techniques originaux et efficaces, capables d'élaborer et de suivre des politiques nouvelles adaptées finement aux réalités locales.

Des politiques nationales ont été mises en place dès 1975, à la suite de la progression du chômage de 1974, d'abord assez timidement, puis beaucoup plus massivement à partir de 1977. Ces politiques tentent de combiner essentiellement trois catégories d'actions:

- abaisser le coût de la main-d'œuvre jeune par rapport aux autres catégories: en autorisant des rémunérations inférieures au Salaire minimum interprofessionnel de croissance (SMIC), ou en faisant prendre en charge, en totalité ou en partie, la rémunération du jeune par l'Etat (sous des formes variées), ou en exonérant les patrons des charges sociales;
- améliorer, compléter, adapter la formation de base par des stages limités dans le temps mais très ciblés. Ces actions de formation veulent corriger l'inadaptation relative et le manque de souplesse de l'appareil éducatif initial;
- développer l'alternance (formation à la fois théorique scolaire et formation pratique dans l'entreprise en situation réelle de production) comme mode pédagogique majeur permettant de décloisonner le monde éducatif et le monde du travail.

La relance de l'apprentissage, type même de l'enseignement par alternance, est un axe de ces politiques. Le patronat français souhaite que ce système d'acquisition de qualification ne soit pas confiné aux emplois ouvriers mais étendu à l'ensemble des niveaux de formation.

Les politiques étatiques ont connu trois phases essentielles:

a) de 1977 à 1981: l'action par les coûts l'emporte largement sur l'effort de formation. Elle vise tous les jeunes de 16 à 25 ans de tous niveaux;

b) de 1982 à 1985: l'action par la formation vient au premier rang, mais elle s'applique à une population plus ciblée, celle des jeunes de 16 à 18 ans sans formation, cumulant tous les handicaps. Elle est ensuite étendue, voire diluée, sur tous les jeunes de 16 à 25 ans. Elle s'accompagne d'une intervention plus systématique sur la population active, visant à faire de la place aux jeunes en invitant les entreprises, par les contrats de solidarité, à mettre une partie des travailleurs volontaires en préretraite. Cette politique a eu un coût social énorme et un coût technique pour les entreprises qui ont souvent perdu un capital de savoir-faire détenu par les travailleurs âgés;

c) 1986-1987: les politiques insistent de nouveau sur les coûts.

Ces différents plans d'action ont eu pour inconvénient majeur de présenter un catalogue de mesures très diverses, complexes, changeant chaque année, mal comprises des acteurs et souvent détournées de leurs objectifs. Elles ont eu pour principal effet pervers de déplacer le problème du chômage des jeunes vers les adultes ou les plus âgés, sans véritablement susciter des créations nettes d'emplois pour les jeunes.

Sur la longue durée, les mesures originales qui ont eu le plus de succès ont été:

- *les contrats emploi-formation* qui concernent des jeunes salariés pendant six à huit mois, recevant une fraction croissante du SMIC suivant l'âge. Mesure appréciée des employeurs, permettant à plus de la moitié des jeunes bénéficiaires d'accéder à un emploi stable, elle comportait une formation beaucoup plus sur le tas que théorique, mais se révélant efficace;
- les stages pratiques en entreprise ont d'abord connu un succès massif mais éphémère: très contestés par les syndicats car donnant lieu à beaucoup d'abus, ils ont été réduits en conséquence;
- les travaux d'utilité collective (TUC) doivent leur succès à ce qu'ils ont ouvert le bénéfice des mesures pour les jeunes aux administrations et collectivités locales qui en avaient été longtemps exclues. Appréciés des jeunes, qui y voient un pied à l'étrier dans l'accès à la fonction publique convoitée, malgré de faibles rémunérations, les TUC sont plus cantonnés dans des activités d'appoint traditionnelles qu'à la définition de nouveaux emplois qu'impliquerait l'appellation choisie;
- l'apprentissage, après avoir connu une progression, a malgré tout recommencé à décliner, peut-être en raison de l'effritement de l'artisanat en France, mode de production auquel il demeure fondamentalement lié.

Les recherches en cours et le renouvellement méthodologique

Le CEJEE continue de travailler sur le thème de la formation et de l'emploi soit en élargissant les champs étudiés soit en déplaçant l'exploration vers d'autres phases du processus.

Les enquêtes d'insertion longitudinales déjà effectuées par le passé n'ont pas encore livré tous leurs secrets. Par un traitement économétrique approprié, l'analyse des durées de chômage, des transitions d'état à état et de leurs effets sur la trajectoire professionnelle a pu être approfondie.

Une exploitation réalisée sur les Certificats d'aptitude professionnelle (CAP) et les Brevets d'études professionnelles (BEP) a montré que la durée totale d'emploi sur la période a un effet positif significatif sur les salaires futurs et que, pour un même nombre de changements d'employeur, les individus ayant plus fréquemment démissionné ont moins souvent connu la situation de chômage.

L'effet des changements d'employeur (notamment volontaires) sur les salaires ultérieurs est toutefois plus significatif dans le cas du BEP, filière plus valorisée que le CAP.

La méthode d'enquête d'insertion du CEJEE est un outil très solide qui continue d'intéresser les décideurs.

Ainsi, à la demande de l'Office national d'information sur les enseignements et les professions (ONISEP) de la région Aquitaine, des enquêtes d'insertion du même type ont été réalisées pendant deux ans sur l'enseignement technique court et long de cette région.

A la demande et avec l'appui du ministère de l'Agriculture, un système complet de suivi des formations agricoles de tous niveaux a été mis au point et fonctionne depuis plusieurs années, sur le plan national. Il permet aux décideurs des administrations centrale et régionales de mieux piloter cet appareil éducatif original à un moment clé de son évolution vers de nouveaux objectifs.

A la demande du Conseil régional de Bretagne, le nouvel outil nouveau d'aide à la décision ARGOS (Analyse régionale des grandes orientations du schéma des formations) propose aux décideurs régionaux un ensemble de «cartes» pour chaque famille professionnelle (une vingtaine) rassemblant des données de base et des indicateurs fondamentaux et originaux sur l'emploi, la formation et le marché du travail. Parmi ces derniers, l'insertion professionnelle figure en bonne place et requiert des enquêtes longitudinales[1].

Convaincu de l'importance des systèmes de tri dans le fonctionnement des filières éducatives, à la fois pour le comportement des étudiants et pour les débouchés professionnels, le CEJEE entend développer la connaissance des motivations, choix et attitudes à certains moments clés des études.

Des recherches avaient été menées sur l'orientation en fin de classe de troisième vers l'enseignement technique. Une étude sur la transition vers l'enseignement supérieur a été menée auprès des étudiants de première année, par questionnaire distribué pendant les cours (le coût est plus faible et le rendement plus élevé que par voie postale). On en retiendra notamment que toutes les spécialités universitaires sont alimentées de flux non négligeables d'inscrits qui auraient souhaité entreprendre d'autres études. La série du baccalauréat joue un rôle de filtre prépondérant et les bacheliers s'autosélectionnent fortement.

Une autre étude a été menée sur le nouveau diplôme technique créé en France en 1985: le baccalauréat professionnel, fer de lance de la revalorisation et de la modernisation de l'enseignement technique. Elle montre le rôle central que ce nouveau diplôme va jouer dans les programmes de formation, en décloisonnant l'enseignement court mais au prix de son affaiblissement, puisque le niveau 5 sera de moins en moins un niveau de sortie vers le marché du travail.

Le CEJEE considère comme fondamental d'articuler le suivi des jeunes sur le suivi des politiques de recrutement des entreprises, surtout dans le contexte actuel dominé par les questions de concurrence, de compétitivité et de nouvelles techniques qui remettent en cause de nombreux schémas acquis. La méthodologie appropriée sera élaborée à cet égard.

Action sur la formation

Le CEJEE n'a pas pour vocation d'intervenir directement en formulant des propositions ou recommandations, mais il a l'occasion d'exercer une action indirecte:

- par la participation au processus de formation continue: formation de formateurs, de conseillers d'orientation (éducation), de conseillers professionnels et cadres des services de l'emploi, etc.;
- par la participation à des instances consultatives régionales (comme au rectorat d'académie, à la délégation à la formation professionnelle au conseil régional) ou

nationales (Conseil de la statistique, programme mobilisateur du ministère de la Recherche, projet pilote de la Communauté européenne, etc.).

Cette action indirecte a pu s'exercer surtout dans deux directions:

a) aider les universités à mieux connaître le devenir des étudiants grâce aux enquêtes d'insertion et à se doter par là d'un instrument permettant de mieux réguler les flux d'étudiants et les contenus de la formation;

b) aider l'enseignement technique à:

 i) resserrer les spécialités autour d'un nombre plus limité de familles professionnelles;

 ii) décloisonner les filières en multipliant les classes passerelles enlevant à l'orientation son caractère d'éviction irréversible;

 iii) favoriser le développement des mesures (telles les séquences éducatives en entreprise) qui décloisonnent monde scolaire et monde du travail;

 iv) réguler plus finement ses capacités de formation en optimisant les moyens mis en place, les choix des élèves et les perspectives d'emploi.

Depuis l'année universitaire 1990-91, le CEJEE propose, en collaboration avec l'Ecole nationale de formation agronomique de Toulouse-Auzeville (ENFA), une formation d'ingénierie appliquée aux systèmes de formations et d'emplois, sanctionnée par un diplôme d'université. L'objectif est de former un personnel de haut niveau à l'interface des systèmes éducatifs et des systèmes d'emplois qui soit capable:

a) d'analyser le fonctionnement des marchés du travail et leur évolution;

b) d'analyser et prendre en compte les enjeux sociétaux d'un système éducatif;

c) de définir et analyser la stratégie d'insertion de l'individu dans le double contexte du système éducatif et du marché du travail; et

d) d'aider à concevoir ou à évaluer des projets de formation tant au niveau local que régional ou national.

La formation correspond à un référentiel d'emploi qui fait appel à trois ordres de contenus: un contenu technique; un contenu méthodologique; un contenu d'intelligence de l'environnement.

Elle vise à renforcer les savoir-faire scientifiques et techniques qui permettront de s'engager dans des politiques de formations innovantes prenant en compte les cohérences entre systèmes éducatifs et marchés du travail[2].

Notes

[1] Fourcade, B.: Note (manuscrite) sur les relations formation-emploi (Toulouse, CEJEE, 1991).

[2] CEJEE: *L'ingénierie appliquée aux systèmes de formations et d'emplois* (Toulouse, 1990).

www.ingramcontent.com/pod-product-compliance
Ingram Content Group UK Ltd.
Pitfield, Milton Keynes, MK11 3LW, UK
UKHW021823190726
13853UKWH00003B/1145